中职中专职业素质教育规划教材

企业文化·职业素养

机械工业高职与中专教育思想政治工作研究会　组编

主　编　韩卫宏

副主编　何锦波　王建国　倪　冰　戴　红
　　　　张兴栋

参　编　刘俐婷　唐　纳　谢岁寒　彭　晖
　　　　吴　锐　李杰玉　樊卫洪　寻　照
　　　　邱日坚　曾珍钗　马军苗　徐　琴
　　　　蔡鹤权　徐　凯

主　审　马必学

机 械 工 业 出 版 社

本书共 9 章，内容包括企业与企业文化、企业与职业素质、规范行为习惯、培养诚信品质、塑造敬业形象、增强责任意识、强化法纪观念、提升竞争能力、铸就团队精神等。

本书在内容安排上，从市场经济条件下企业对员工最基本的职业素养要求出发，设置了相关章节；在编写体例上，充分考虑中职学生的认知规律和心理特点，设置了阅读材料、分析与思考、实践与训练三大模块；在写作风格上，力求贴近中职学生实际，做到语言生动、文风朴实。

本书可作为中等职业学校职业素质教育课程教材，也可作为学生教育管理人员的参考资料。

图书在版编目（CIP）数据

企业文化·职业素养/韩卫宏主编. —北京：机械工业出版社，2010.8（2024.8 重印）
中职中专职业素质教育规划教材
ISBN 978-7-111-31149-2

Ⅰ. ①企… Ⅱ. ①韩… Ⅲ. ①企业文化—专业学校—教材 Ⅳ. ①F270

中国版本图书馆 CIP 数据核字（2010）第 134866 号

机械工业出版社（北京市百万庄大街 22 号 邮政编码 100037）
责任编辑：宋 华　　封面设计：王伟光
责任印制：常天培

固安县铭成印刷有限公司印刷

2024 年 8 月第 1 版第 19 次印刷
184mm×260mm·8 印张·197 千字
标准书号：ISBN 978-7-111-31149-2
定价：27.00 元

电话服务
客服电话：010-88361066
010-88379833
010-68326294

网络服务
机 工 官 网：www.cmpbook.com
机 工 官 博：weibo.com/cmp1952
金 书 网：www.golden-book.com
机工教育服务网：www.cmpedu.com

中职中专职业素质教育规划教材编审编委会

前　言

随着社会主义市场经济体制的进一步完善，作为市场主体的企业对员工的职业素养要求越来越高，那些讲诚信、有敬业精神和责任意识、能遵纪守法、具备较强的竞争能力和团队精神的员工越来越受到企业的推崇。作为培养高素质技能型人才的中等职业学校，理应关注和强化对学生职业素养的培养。

本书是中职中专职业素质教育规划教材中的一册，编写时力求体现以下几个特点：一是时代感，本书的编写充分考虑当今市场经济条件下企业对员工的新要求；二是针对性，针对中职学生的认知规律和心理特点，更贴近中职学生的学习和生活实际；三是实效性，强调充分发挥学生主体作用，更多采用案例教学、情景体验、社会实践等行之有效的教学形式。

本书在内容安排上，从市场经济条件下企业对员工最基本的职业素养要求出发，设置了相关章节。在编写体例上，充分考虑中职学生的认知规律和心理特点，设置了阅读材料、分析与思考、实践与训练三大模块。阅读材料：以案例引出问题，创设学习情境。分析与思考：总结学生在具体实践中需要的相关理论知识和获得途径及方法。实践与训练：精心设计了问卷调查、测试、参观访谈、游戏、拓展活动等环节，让学生在实践中体验和巩固所学知识。在写作风格上，力求贴近中职学生实际，做到语言生动、文风朴实。

本书由韩卫宏担任主编，何锦波、王建国、倪冰、戴红和张兴栋担任副主编，马必学担任主审。参加本书编写的有武汉市仪表电子学校刘俐婷、唐纳、谢岁寒、彭晖、吴锐，中山市中等专业学校李杰玉、樊卫洪、寻照、邱日坚，湖南省工业贸易学校曾珍钗，华北机电学校马军苗、徐琴，延边工业学校蔡鹤权、徐凯。

由于编写时间及能力所限，本书可能存在一些缺点和不足，恳请老师和同学提出宝贵意见，以期持续改进。

编　者

目 录

第一章 企业与企业文化

第一节 企业文化

阅读材料

震不倒的企业精神

东方汽轮机有限公司(以下简称东汽)所在地汉旺镇距5·12汶川大地震震中汶川直线距离仅29公里，是受损最严重的中央企业。仅仅80秒钟，东汽汉旺基地的各种厂房和生活住房有将近1/3垮塌、震毁，80%的生产设施和机器设备严重受损。

受灾最重的叶片分厂，一栋四层办公楼塌陷成了三层，化为废墟的厂房依稀保留着宽大的轮廓。这里有29人遇难，仅技术组19人中就有10人失去了生命；车队失踪了6天，连人带货都消失了。地震时，东汽风电事业部5台风力发电机组的机舱在交货途中，刚刚行至汶川映秀，全部被埋。东汽直接损失达50～60亿元，间接损失在100亿元左右；东汽职工、家属及学校师生遇难500多人。

灾后5天，东汽组织相关专家对汉旺厂区受损设备进行评估，组织力量对关键设备检查、修复，争取尽快投入生产。东汽共有组机四分厂、铸铁车间和工业透平事业部等3个生产单位，在原址加固的基础上，迅速投入生产；其余产能分散到德阳市30多个地方企业提供的空车间，以惊人的速度继续生产。2008年东汽仍完成了当年计划指标的90%。

思考：什么是企业屹立不倒的精神力量？

东汽发展壮大的历程，正是东汽的企业文化构建的伟大成就。从当年“一根麻绳闹革命”到年产过百亿的大型现代化企业，东汽人凭的是不怕牺牲、敢于胜利的高昂斗志；凭的是坚韧不拔、艰苦创业的优良作风；凭的是自主创新、勇攀高峰的科学理念。面对灾难，不屈的东汽人“泰山压顶不弯腰”，心手相连、共赴灾难，谱写了一曲感天动地的英雄壮歌。这种“不怕牺牲、敢于胜利，坚韧不拔、艰苦创业，自主创新、勇攀高峰”的企业文化，既是民族精神，也是时代精神。

> ## 名人名言
>
> 企业文化，对外是一面旗帜，对内是一种向心力。
>
> ——清华紫光总裁　张本正

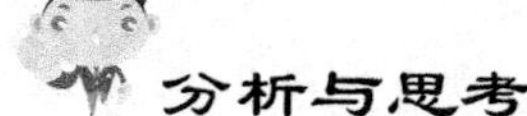

一、什么是企业文化

企业文化是指企业在实践中逐步形成的，为全体员工所认同、遵守、带有本企业特色的价值观念、经营准则、经营作风、企业精神、道德规范、发展目标的总和。通俗地说，企业文化就是每一位员工都明白的，作为企业的一份子自己怎样做是对企业有利的，而且都自觉自愿地这样做的内驱力。每个优秀的企业都有自己独特的企业文化，它是社会经济发展的产物，是现代企业的灵魂。在现代企业的经营中，企业间的竞争不再是以设备、资金、技术等为主要对象，而是以人为中心、以人为本的管理理念和企业文化为主要对象。

企业文化是企业发展的灵魂，是企业管理的最高境界。先进的企业文化不仅是一种精神力量，更是一种酝藏着巨大能量的先进生产力。许多优秀企业都将企业文化建设作为提高员工素质、凝聚员工力量、推动企业文明建设的系统工程。企业管理越来越注重以人为本、激发员工潜能的企业管理文化。企业为员工提供施展技能、才华的舞台，如果没有企业提供的平台，再优秀的人才也可能被埋没。企业通过文化建设使全体员工形成一种强烈的价值认同感，通过企业文化的渗透，使员工爱岗敬业、遵章守纪，把生产、经营、管理视为自身使命，把企业发展作为自身责任。同时，企业员工的自觉性也是企业发展取之不尽的源泉。

许多企业员工最看重的是薪资、福利等直接的工作回报。然而在职场当中，除了收入外，认同企业环境和与企业发展的目标一致，才是员工融入企业的真正要素。在企业中，如果员工缺乏工作的热忱，唯一的工作动机只是通过工作获得薪水；而企业也没有制定相应严格的规章制度，员工就会无所适从。员工没有荣誉感或责任感，只有敷衍了事的工作态度，就不可能具有很强的执行力，企业文化的缺乏会产生许多不良的后果。良好而成功的企业文化可为企业注入活力，激发员工的热忱，这也是企业在社会中除了创造经济效益外的另一个重要的功能。

企业文化能创造出良好的环境，每位员工都能感受到企业的价值和追求，从而自觉约束并规范自己的行动。企业用人文环境去陶冶员工的情操，提升员工的精神品位，严明团队纪律，增强员工的服从和执行意识，培养出员工良好的团队精神和良好的习惯。强有力的企业文化建设，必能提高企业的管理水平，必能凝聚人心，必能把个人价值观与企业的价值观融为一体，形成共同的价值取向。只有提高了企业的合力和前瞻性，才能提升企业的竞争能力。

二、企业文化的内涵和表现形式

企业文化从本质上看是一种产生于企业之中的文化现象，它的出现与现代企业管理在理论和实践中的发展密不可分。从管理的角度看，企业文化是为达到管理目标而应用的管理手段，因此，企业文化不仅具有文化现象的内容，还具有作为管理手段的内涵。

1）企业文化是以企业管理主体意识为主导，追求和实现一定企业目的的文化形态，并不仅仅是企业内部所有人员的思想、观念等文化形态的大杂烩。从一定意义上说，企业文化就是企业管理的文化。

2）企业文化是一种组织文化，有自己的共同目标、群体意识及与之相适应的组织机构和制度。企业文化所包含的价值观、行为准则等意识形态和物质形态均是企业群体共同认可的，与个体文化、民族文化、社会文化不同。

3）企业文化是一种“经济文化”。企业文化是企业和企业员工在经营生产过程和管理活动中逐渐形成的，离开企业的经济活动，就不可能有企业文化的形成，更谈不上形成优秀的企业文化。

三、企业文化的功能

企业文化的功能不仅仅是以精神的、物质的、文化的手段满足员工物质和精神方面的需要，以提高企业的向心力和凝聚力，激发职工的积极性和创造精神，提高企业经济效益，而且还是企业在长期的经营活动中所形成的共同价值观念、行为准则、道德规范，以及体现企业精神的人际关系、规章制度、厂房、产品与服务等事项和物质因素的集合。

企业文化融汇了企业的经营理念、管理方式、价值观念、群体意识和道德规范等许多方面的内容。在市场经济条件下，企业面临严峻的挑战，国际竞争和国内竞争将更加激烈，这就要求企业必须具有与时俱进、开拓创新、勇于进取的竞争观念；要求员工树立终身学习、不断更新知识、主动完善自我的求知观念。企业不仅要用经济的纽带来协调利益关系，更要用文化的纽带来调整员工的思想观念，把员工凝聚在企业周围，通过建立共同的价值观念、企业目标，使员工具有使命感和责任感，把自己的智慧和力量汇聚到企业的整体目标上，把个人的行为统一于企业行为的共同方向上，从而凝结成推动企业发展的巨大动力。

（一）导向功能

企业文化能对企业整体和企业每个成员的价值取向及行为取向起引导作用，具体表现在两个方面：一是对企业成员个体的思想行为起导向作用；二是对企业整体的价值取向和行为起导向作用。这是因为一个企业的企业文化一旦形成，它就建立起了自身系统的价值和规范标准，如果企业成员在价值和行为取向上与企业文化的系统标准产生悖逆现象，企业文化会将其纠正并将之引导到企业的价值观和规范标准上来。

（二）约束功能

企业文化对企业员工的思想、心理和行为具有约束和规范作用。企业文化的约束不是制度式的“硬”约束，而是一种“软”约束，这种约束产生于企业的文化氛围、群体行为准则和道德规范。群体意识、社会舆论、共同的习俗和风尚等精神文化内容会形成强大的影响力，使个体行为具有从众化的群体心理压力和动力，使企业成员产生心理共鸣，继而达到行为的自我控制。

（三）凝聚功能

企业文化的凝聚功能是指当一种价值观被企业员工共同认可后，它就会成为一种黏合剂，从各个方面把其成员聚合起来，从而产生一种巨大的向心力和凝聚力。

（四）激励功能

企业文化具有使企业成员从内心产生一种高昂情绪和奋发进取精神的效应。企业文化把尊重人作为中心内容，以对人的管理为中心。企业文化给员工多重需要的满足，并能对各种不合理的需要用它的“软”约束来调节。所以，积极向上的思想观念及行为准则会形成强烈的使命感、持久的驱动力，成为员工自我激励的一种动力。

（五）辐射功能

企业文化一旦形成较为固定的模式，它不仅会在企业内部发挥作用、对企业员工产生影响，而且也会通过各种渠道对社会产生影响。企业文化的传播对树立企业在公众中的形象很有帮助。优秀的企业文化对社会文化的发展有很大的影响。

（六）品牌功能

企业文化和企业经济实力是构成企业品牌形象的两大基本要素，它们是相辅相成的。企业品牌展示一个企业的形象，企业形象是企业经济实力和企业文化内涵的综合体现。评估一个企业的经济实力如何，主要看企业的规模、效益、资本积累、竞争力和市场占有率等。企业文化是企业发展过程中逐步形成和培育起来的具有本企业特色的企业精神、发展战略、经营思想和管理理念，是企业员工普遍认同的价值观、企业道德观及其行为规范。企业如果形成了一种与市场经济相适应的企业精神、发展战略、经营思想和管理理念，即企业品牌，就能产生强大的团体向心力和凝聚力，能激发员工的积极性和创造精神，从而推动企业经济实力持续发展。企业文化与企业的经济实力具有紧密关联性，无论是世界著名的跨国公司，如“微软”、“福特”、“通用电气”、“可口可乐”，还是国内知名的企业集团，如“海尔”、“华为”、“康佳”等，都具有独特的企业文化和强大的经济实力。品牌的价值是时间的积累，也是企业文化的积累，是企业长期经营与管理积累的价值所在。

实践与训练

参观访问企业

训练目的：

使学生了解该企业的企业文化，并通过与企业员工的谈话，深化对企业文化的认识。

训练组织：

1）与将要访问企业沟通，获得企业访问权利，确定访问时间。

2）组织学生，要求作访问记录。

3）告知学生访问范围，不得干扰企业正常工作秩序，不得在访问中问及非规定内容。

训练考核：

学生任务表

参观/访问对象	需要观察了解的内容	学生收获与自我认识
企业生产车间	企业生产管理规章制度	
企业员工	企业员工对于企业文化的阐述	
企业人力资源管理人员	通过哪些具体事项来评价员工	
员工工作情况	工作情况与学生学习情况对比	
企业负责人	企业对员工的要求	

第二节　企业文化促进企业发展

阅读材料

运动文化塑造李宁

2008年8月8日23时55分，一位中年男子高举火炬腾空而起。3分半钟令人窒息的奔跑之后，他在主火炬塔旁点燃引线，喷薄的火焰飞旋而上。他就是李宁，一位创立中国本土最大体育用品公司的成功企业家。

自 1989 年 4 月正式注册李宁牌商标后，李宁公司就一直致力于体育用品的开发和生产，也一直倡导以运动为核心的生活方式，让“崇尚运动”成为企业文化的核心内容，“诚信、激情、求胜、创新、协作都可以通过运动去培养”。在不断的运动中，李宁人表现得更加自信，并且能够不断地发掘潜能、超越自我。李宁的运动文化还体现在面对强劲对手勇于亮剑、面对挫折永不放弃梦想。在无缘奥运赞助商之后，李宁通过赞助部分国内外参赛队的方式进入奥运会赛场。最为人称道的是其获得了中央电视台奥运频道服装独家赞助权，创造性地走出一条利用媒体平台参与奥运的捷径，取得了出色的宣传效果。一项调查显示，高达 37.4% 的被调查者认为李宁是北京奥运会的赞助商，而真正的奥运赞助商阿迪达斯的认知率只有 22.8%。这也被哈佛商学院收录为经典案例。

在开幕式点火后的第一个交易日，香港上市的李宁股份在大盘整体下跌的情况下，却高开高涨、逆市上扬。

思考：企业文化如何促进整个企业的发展？

企业文化其实就是企业的“家庭教师”。它所散发出的深厚内涵，就是指导企业所有行为、所有员工的精神信条。李宁人相信：人有无限潜能。运动让人更加自信、敢于表现、不断发掘潜能、超越自我——我们有这样的品牌观，并始终不渝地付诸实践。因此，优秀的企业文化在日常工作中不知不觉散发出来的信息，足以让所有的人感受到它的存在。拥有优秀的企业文化，企业才会在竞争的海洋里不失方向，才会凝聚所有人的力量，勇往直前。

名人名言

资源是会枯竭的，唯有文化生生不息。

——深圳华为企业标语

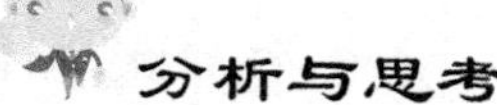

分析与思考

在未来激烈的全球化市场竞争中，企业如想立于不败之地，企业文化将起着举足轻重的作用。企业文化对优秀企业的发展也起着重要的作用。世界各国企业的实践也充分证明了企业文化的重要作用。IBM、索尼、通用电气以及海尔等众多著名企业的成功，都是由于公司内部强有力的企业文化对企业竞争力的增强起到了决定性的作用。

一、企业文化可以提升企业竞争力

1）企业文化是企业的黏合剂，可以把员工紧紧地黏合、团结在一起，使他们目的明确、协调一致。成功的企业文化，有助于提高员工队伍的凝聚力。

对于一个企业来说，核心是“人”，如果能够把许多人的力量集中起来，共同指向同一方向，那么这个企业已经成功了一半。反之，一个企业拥有大量优秀甚至很杰出的人才，但没有一个统一的奋斗目标，每人的方向不同，努力也是徒劳。员工的前途系于企业的前途，员工的利益来自于企业的发展和获利。企业如果是一条船，员工则是船上的水手。没有哪个水手愿意登上一条注定要沉没的船。同理，一家前途暗淡的公司既无法留住人才，更无法吸引人才。“大河有水小河满”，企业是大河，员工是小河，只有企业有着远大的前程，员工才能实现自身最大价值。

2）企业文化是企业的“指南针”，对企业生存与发展起着导向作用。企业价值观与企业精神，能够为企业提供具有长远意义的、更大范围的正确方向，为企业在市场竞争中基本竞争战略和政策的制定提供依据。企业的管理只有建立在企业文化这个根基上，才有管理的现代化。只有把尊重人、激励人、培养人作为管理的出发点和落脚点，才能使企业形成遵章守纪、明礼诚信、团结友爱、敬业奉献、健康向上、生机勃勃的内部氛围，企业的管理才具有更高的层次。

3）企业文化所形成的企业内部的文化氛围和价值导向对于企业员工能够起到精神激励的作用，将职工的积极性、主动性和创造性调动并激发出来，能提高各部门和员工的自主管理能力和自主经营能力。成功的企业文化，有助于提高员工队伍的工作效率。

一方面，良好的企业文化在企业内部营造了一个公平、信任、互助、关爱的良好工作氛围。当员工们在这样的环境里工作时，会表现出关心、热爱公司的热情和较强的奉献精神，会主动为公司出谋划策、排忧解难，会把自己看做公司里的真正一员，化压力为动力，努力提高效率，积极迎接挑战；同时，员工之间的有效沟通、互助互学可以最大限度地降低内耗，提高工作效率。另一方面，良好的企业文化为员工提供了明确的职责规范和行为指南。企业内部员工来自五湖四海，每个人都会有自己的思想和观念。在工作过程中，如果按照各自不同的意见去行事，整个企业将呈现混乱不堪的局面。每个员工虽然都在努力工作，但是没有任何效果。这就好似有很多匹马拉的马车，没有统一的指挥，每匹马都有自己前进的方向，虽然每匹马都尽了力，可结果或者马车原地不动，或者举步维艰，或者是倒退。只有统一规范、上下一致、齐心协力才能达到效率和效益的最大化。

4）企业文化能够约束企业行为，使员工明确工作的意义和方法，提高员工的责任感和使命感。

5）企业文化能够塑造企业良好的整体形象，树立信誉，扩大影响，是企业巨大的无形资产。

6）企业文化促使企业可持续发展。企业文化的本质体现在其核心价值观上，企业能否持续性地发展，关键在于企业所追求的核心价值观能否被延续与传承，若不重视企业文化就无法获得牵引企业不断向前发展的动力。

在现代企业中，文化决定理念，理念决定制度，制度决定技术，技术决定产品。一个追求利润最大化的企业，想要具有良好的、持续的经济效益，就要不断扩大对本企业忠诚的客户群体，提高他们对本企业的信赖度，因此必须树立良好的企业形象。也就是说，良好的经济效益来源于良好的企业形象，良好的企业形象则依赖于优秀的企业文化。拥有先进的企业文化是企业永续经营、可持续发展的动力源泉。企业文化是推动企业前进的原动力，是核心竞争力之一。

二、企业文化引领中国企业走向世界

在以创新为特征的新经济时代，企业间的竞争将更加激烈，中国企业正面临着前所未有的竞争压力，如何有效地提高中国企业的竞争力，使企业能够在激烈的竞争中生存发展，越来越成为所有企业都必须正视的重大课题。中国的企业需要自己的文化，没有文化的企业是走不远的，大规模的企业、现代化的企业更需要完整的文化建设。中国特色的企业呼唤具有个性的企业文化。

目前，我国还缺少世界级的知名企业和产品，在打造独具特色、世界领先的企业文化方面也有很大差距。诚然，我们应该学习、借鉴世界上先进国家的先进经验，但不能照搬照抄，而应该在学习、借鉴中取舍，创造出适合我国国情、具有中国特色和力争世界领先的企业文化，打造出世界级的中国企业和名牌产品。

每个企业的发展，必定会经历不同的阶段，根据企业发展的不同阶段所面临的市场需求，企业文化也必须作出相应的调整，只有与时俱进的企业文化才有生命力。正因为这样，有的中国企业能成为全球知名企业，也有的企业却只能昙花一现。许多中国企业在自身发展过程中，创立了具有时代特征和各具特色的企业文化。如中国知名企业海尔集团，在起步阶段，以真诚为用户的“不合格产品不能出厂”为管理理念；在发展阶段，又从提供优质产品到提供“一条龙”的优质服务，从一般的售后服务发展到为顾客售前的设计服务，从严格的制度管理到倡导员工人人参与的自主管理，从争行业领先到创世界名牌，从事业部制组织到业务流程，不论是管理还是服务，海尔都能步入世界一流企业的行列，成为世界500强，为“中国制造”进行着不懈努力。

当今中国，越来越多的企业走向世界、参与国际市场的激烈竞争。同时，大批国外企业进入中国市场，给许多中国企业的生存和发展带来了前所未有的竞争压力，中国企业必须与时俱进，加强企业文化建设，才能使企业具有更强的竞争力。

在 2009 年巴黎—达喀尔拉力赛上，中国车手卢宁军驾驶国产品牌奇瑞汽车出赛，这是世界顶尖的汽车拉力赛上首次出现中国汽车的身影。作为目前成长最迅速的中国自主汽车开发企业，奇瑞汽车在成立 7 个月之后就出口到 11 个国家和地区，打破了长期以来国产轿车出口为零的纪录。奇瑞公司凭借“用户第一，品质至上，真挚诚信，激情永驻，永远创业，追求卓越，马上行动，日清日高，以人为本，鼓励竞争”的企业文化精神，不断创造佳绩，成为全球最具竞争力的中国十大公司之一。

随着中国市场经济体系的逐步完善，越来越多的管理先进、文化进步、理念成熟的中国企业会在不久的将来从中国走向世界。

实践与训练

企业文化故事征集

组织学生开展企业文化故事征集活动。以身边的企业文化故事为素材，能够体现出公司的文化特色，可以通过视频短片、图片、故事等表现形式，要主题鲜明、描写生动、突出细节，一事一叙。收集后请学生进行总结。

训练目的：

1）增进学生对企业文化的认知与了解。

2）教导学生通过亲身实践进行知识融合。

训练组织：

1）对学生进行某些企业文化内容的介绍，使学生了解取材范围。

2）收集材料后要求学生对材料进行幻灯片（PowerPoint）制作，加以组织说明介绍。

3）选取优秀学生作品进行展示。

训练考核：

项目评分 / 姓名	主题明确				内容丰富				PowerPoint 制作				现场演示				总评
	优	良	中	差	优	良	中	差	优	良	中	差	优	良	中	差	

第三节　融入企业文化　做合格员工

阅读材料

群策群力　共赴卓越

在中国百胜餐饮集团下属的所有企业里，不仅企业要成长，个人也要成长，连协作厂商、合作合资伙伴都能获得成长的机遇，即“群策群力，共赴卓越”。对肯德基的员工而言，随着中国市场的拓展，他们的成长机会也应运而生。肯德基相信，为每一个员工作好个人的职业生涯规划是至关重要的，既满足了个人需要创新和拓展的意愿，同时也满足了企业长远发展中对人员储备的需要。在肯德基，员工不会在一个职位停留太久。如果你在一个职位上干了两年，就会有人过来拍肩膀：“你怎么这么长时间没升职？”肯德基的餐厅经理个个都具有良好的教育背景，且一步步从基层餐厅成长起来，从管理一家餐厅，到管理四至五家餐厅和管理七至十家餐厅，甚至管理一个市场。肯德基的阶梯型职业发展通道，使每一位具有潜质的员工都能看到攀登的希望。

作为特许经营企业的肯德基来说，其高标准的服务质量是它的生命线，也是它参与竞争的资本。为此，肯德基塑造了具有服务意识导向的强有力的企业文化，员工接受了肯德基的企业文化的同时，其各种繁复的规章制度也就深深内化在他们心中了。

思考：肯德基的企业文化如何塑造优秀的员工？

肯德基首先塑造的是具有服务意识导向的强有力的企业文化，经过系统培训一方面提高了员工的工作能力，为肯德基培养了合适的管理人才；另一方面使员工认同肯德基企业文化，从而实现肯德基与员工的共同成长。

名人名言

企业最大的资产是人。

——松下幸之助

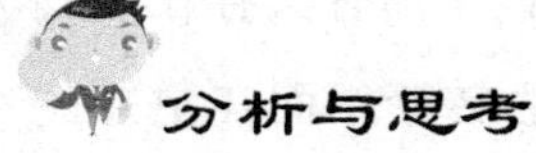

分析与思考

一、企业文化与企业员工

在目前日益激烈的竞争中，企业文化作为企业最重要的核心竞争力之一，越来越发挥出不可忽视的作用。尤其对企业员工而言，一旦员工与企业文化产生了共鸣，就能激发员工的潜在能力，企业与企业员工就会共同建立起双赢的发展平台。

1）企业应该为员工提供一个良好的组织环境，从企业内部的小环境帮助企业员工培养良好人际关系，员工因此具有执著的事业追求和高尚的道德情操，能把对企业的发展与自己的成就密切连在一起，从而能够以良好的心态进行工作。企业文化能够满足企业员工的精神需求。对员工来说，优良的企业文化实质上是一种内在激励，它能够发挥其他激励手段所起不到的激励作用。例如，企业文化能够综合发挥目标激励、领导行为激励、竞争激励、奖惩激励等多种激励手段的作用，从而激发出企业内部各部门和所有员工的积极性，而这种积极性同时也成为企业发展的无穷力量。

2）员工应该融入企业，为企业的发展作出自身的贡献。企业文化的理念大都比较抽象，因此，作为企业员工必须要理解企业文化的内容。在企业对其文化培训与宣传的时候，要学会融入自身的行为和思想中，不要觉得这些只是外在的东西。如果一名企业员工想要追求在该企业的发展与自身的进步，思行一体化和角色企业化是必需的。企业的发展离不开每一位员工的共同努力，企业的发展成果是全体员工智慧和汗水的结晶。正是依赖于员工们不懈的付出，企业才由小变大、由弱变强不断成长。反之，员工如果游离于企业之外，不能与企业同呼吸共进退，这样的企业迟早会分崩离析，员工也会失去实现人生价值的舞台。

二、如何融入企业文化

“海纳百川，有容乃大。”大海之所以浩瀚，是因为有无数江河之水的汇入。企业要想做大、做强，同样需要无数优秀人才的加入。江河汇入大海，就要适应海的咸涩、海的波澜，能够成为大海的一部分。同样，一个新员工进入一个企业也要适应、融入企业的环境、制度、文化，才能够最终成为企业不可或缺的力量。

每个刚涉入职场的新人，都迫切希望融入企业、学有所用、干一番事业。当我们迈入一个企业的大门，就决定了我们必须融入这个企业，接受它的企业文化。如何尽快融入企业的企业文化呢？

1）调整心态，融入团队。企业从其产生一直发展到现在这个状态，都有其存在的理由，新员工进入这样一个陌生的环境当中，往往需要一定时期的角色转变，而在更短的时间内完成这种转变的人往往成长更快。由于人们的思想不同、价值观不同，对同一件事情的看法也是不同的，有的人可以看到正面，而有的人看到的是反面。对于同样的压力，悲观的人喜欢逃避，乐观的人则认为这是对自己的一种锻炼，是成长的阶梯。只有具备良好的心态，才能够正确面对各种困难，并会采取措施来解决它，进而提高自己的能力。一个企业即一个团队，都有一个共同目标，需要每一位员工的通力合作。作为团队中的一员，要忽略自己的个性，遵守已形成的工作流程。只有融入团队，自身能力才能得到认同，品格才能被他人赞赏。

2）具备终身学习的观念。融入企业之中，还需要提高自身的学习能力，跟上企业成长的步伐，让自己在实际工作中得到锻炼，在企业中体现自身的价值。现代企业需要的人才越来越倾向于复合型人才，这就要求我们不仅需要专业能力，同时也必须具备较宽的知识面。工作中遇到难题，要及时向身边的同事请教，不懂装懂，才会让他人轻视。作为企业的员工，应当以企业的优秀员工作为自己的榜样，以行为体现企业文化，以企业文化展示行为。

3）要有准确的职业定位，掌握好自我表现度。新员工只有对自己有清晰的了解、定位，知道自己能够干什么，自己不能够干什么，自己需要培养哪方面的能力，能够为企业带来什么，才能够发现企业中存在的机会，锻炼和提高自己的职业能力。掌握基本职业技能是胜任职业岗位工作的基本要求，如从事机械专业技术工作的工人除应具备一般职业能力（如观察能力、记忆能力、想象能力、思维能力、注意能力）外，还应具备一定的专业能力（如较强的空间判断能力和形态感知能力），以区别机器结构的细节，认识机器的工作原理等。中职学生作为准职业人，企业对于员工的要求就是我们要达到的目标，完善自我职业道德与增进自我职业能力是我们融入企业的前提，而企业对于员工的职业道德与职业能力的具体要求往往通过这种企业文化的形式表现出来。新员工要融入企业，就要保持一颗谦虚的心，这样才能够吸收企业文化中的精华部分。要乐于聆听、观察和发问，对于一个我们不熟悉的地方，要多聆听别人的意见，细心观察他们的行为，要有勇于发问的精神。别炫耀已成为过去的荣誉，踏踏实实做好本职工作，才能赢得企业的认同；急于表现自己的所知所能，有时会适得其反。

实践与训练

体验企业文化

训练目的：

参与学校组织的下厂实习实训 ，在实践中体会企业对员工的要求及企业文化的体现。

训练组织：

1）在实习实训前对学生作出实习实训具体任务要求。

2）要求学生对每天实训内容作记录。

3）要求学生在下厂实习实训后整理记录，写出关于企业文化的体会与感想。

训练考核：

活动结束后，由学生填写以下表格进行总结，并请用人企业填写评语。

实训企业名称：	实训岗位：	实训时间：
实训工作量		
工作完成质量		
用人企业评语		

第二章　企业与职业素养

第一节　职业素养的内涵

阅读材料

被解雇的技工

深圳有家机电公司很重视员工的技能培训，几年过后便拥有了一批熟练的技术工人，他们成为生产骨干，解决实际问题的能力很强，使公司订单不断，利润大增。老板十分高兴，对这批骨干宠爱有加，频频加薪宴请，嘘寒问暖，老板与员工之间相处十分融洽。老板颇为得意，认为只要我给你们高的工资，又对你们这么款待，还怕你们不拼命工作？

技工的负责人原本是个老实人，但几年下来满脑子只剩下了钞票和美酒。本分的他逐渐变得自私贪婪，在和老板酒酣耳熟之际竟萌生了歪念：我有一批骨干，老板没我不行，何不敲他竹杠？开始时他对老板借意暗示，要求得到了满足后，继而便公开讲价钱，得寸进尺，一发不可收拾。稍不如意便带头怠工，再以集体跳槽相威胁，最后竟然在外商验货时故意破坏，使公司遭受惨重的损失。

老板十分愤怒，将这批技工全部开除。公司遭此重创，老板心中留下了难以消除的阴影，再招聘技工时十分谨慎。而那批被开除的技工，今后要想获得更好的工作机会和事业发展，做个有技术、有品德的好员工，恐怕也十分困难了。

思考：为什么员工的职业素养会影响企业的发展？

该企业失败的一个重要原因是，管理员工的理念和做法存在缺陷，没有把专业能力和职业素养统一起来，当企业竞争发展到一定程度，问题便显现出来。员工不但要具备良好的专业技术，而且还要拥有较高的职业道德品质，不但要会做事，更要会做人。因此，职业素养是企业基业长青的基石，是企业制胜的关键。

名人名言

把专业训练和道德培养结合在一起。

——裴斯泰洛齐

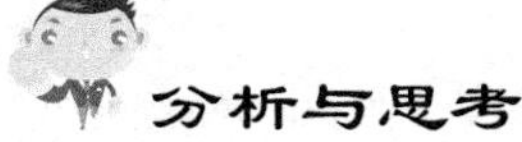

一、职业素养的定义

职业素养是指劳动者通过职业环境影响与职业教育训练而形成的顺利从事某种职业活动的基本品质或基础条件。劳动者能否顺利就业并获得未来职业生涯的发展，取决于劳动者的职业素养的高低。职业素养越高的劳动者，获得成功的机会就越多。随着时代的发展，职业对于从业者职业素养的要求也随之不断发展和提高。职业素养是人的综合素质中不可缺少的一部分。简单地说，职业素养是劳动者对社会职业的了解与适应能力的一种综合体现，其主要表现在职业兴趣、职业能力、职业个性及职业情绪等方面。

影响和制约职业素养的因素包括受教育程度、实践经验、社会环境、工作经历以及身体健康状况等。一般来说，中职学生将来能否顺利就业并获得未来职业生涯的发展，取决于职业素养的高低，职业素养越高的中职学生，获得成功的机会就越多。

职业素养可以在人的先天生理素质的基础上，经过后天的教育和培训得以提升，通过不断地自我认识、学习和实践，获得一定知识并把它变成自觉行为，通过社会实践逐步养成比较稳定的身心发展的优秀职业品质。职业素养是人才选用的第一标准，是职场致胜、事业成功的第一法宝。

中职学生素质包括基本素质和职业素养。基本素质是普适性的，是全体“社会人”所共有的素质，主要包括思想道德素质、文化素质、心理素质和身体素质，它是职业素养的基础。职业素养应是“职业人”所具有的、适应职业岗位需要的素质。核心职业能力是“职业人”都应该具备的职业素养，如团队合作能力、解决问题能力、心理承受能力等。同时，对于不同专业和岗位而言，对从业者的职业素养有特殊的要求，比如，从事机械加工工作需要较好的空间想象力和精细操作能力；形象设计专业的学生要具备系统的流行预测能力等。

二、职业素养的构成

职业素养主要包含4个方面的内容，即职业技能、职业意识、职业道德和职业精神。其中，职业技能是构成职业素养的显性因素，是支撑职业人生的表象内容；职业意识、职业道德和职业精神是构成职业素养的隐性因素，是职业素养中的根基部分，即核心职业素养，它们构成职业素养中最本质、最基本的因素，是一个人从出生到经历整个职业生涯过程中逐步形成和完善的。对于企业而言，如果员工个人基本的职业素养不够，专业技能再强也不会得到重用。

对于职业素养中职业技能这一显性因素和职业意识、职业道德、职业精神这些隐性因素的关系，正如下图所示的“冰山模型”，海平面以上冰山的大小往往与海平面之下冰山的大小成正比，即一个人外在显现出来的职业素养的高与低是由内在素质决定的，这些也是企业越来越重视的用人标准。

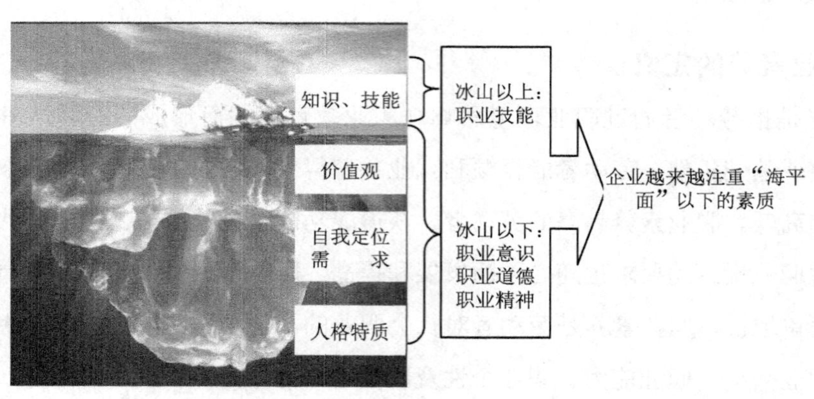

（一）职业技能

职业技能是一个人所从事的工作要求具备的专业知识和技术能力，是职业素养构成中的外在表现，通过学习、培训比较容易获得。比如，计算机、电子技术、机械维修等属于职业技术范畴的技能，学生可以通过三年左右的时间学习和实践掌握入门技术，在企业工作实践中会日渐成熟并且成为专家。

（二）职业意识

职业意识包括职业信念、职业理想、职业追求等。每一位职业人的职业生涯都会出现许多预想不到的阻力与困难，消极的心态会摧毁自信。因此，中职学生必须培养积极的心态，具有上进心、决心，具有主动、自觉、顽强、坚韧的精神，要清醒地认识到过去不等于未来，选择成就明天，达到做事、做人的基本要求。

（三）职业道德

职业道德是衡量一个人工作态度的职业规范。在企业管理中，以条文为基础的规章制度是最低限度的行为准则，是每一个企业岗位工作者的最低标准，而优秀员工所具备的职业道德集中表现为对企业和自己所从事工作的忠诚与敬业。良好的职业道德不仅是一种品德，更是一种能力。作为企业员工，我们要将自己的职业当做事业，自觉地将工作与自己的人生价值联系在一起。这种崇高的职业道德正是良好职业素养的体现。

（四）职业精神

职业精神是与人们的职业活动紧密联系、具有自身职业特征的精神。职业精神是职业素养的重要组成部分，其本质是为人民服务。较好的职业精神是对职业素养的一种更高层次的体现。职业精神的实践内涵体现在敬业、勤业、创业、立业 4 个方面。无论我们从事何种职业，都应当大力弘扬社会主义职业精神，尽职尽责，贡献自己的聪明才智。

三、机械装备制造行业应具备的职业素养

机械装备制造行业所要求具备的职业素养主要包括知识素质和能力素质。

（一）知识素质

知识素质包括基础科学、机械装备专业知识和技能等专业知识素质，要求机械行业的从业人员具有扎实的基础科学知识和工程科学知识，从而研究开发新技术、新工艺、新材料、新产品和新服务，能解决复杂的工程问题，能高效高质地为生产服务。

基础科学是专业的支撑点和知识库，任何专业问题都是以科学技术知识为基础的。同时，解决专业实际问题所需要的分析、综合、思维和创造等方面的能力，都离不开扎实的基础科学和工程科学知识以及对这些知识的积累。现代机械装备制造行业的从业者必须具有广博的知识，除了专业领域的知识外，还应涉及社会领域的知识，如经济、管理、法律、人文和环境等方面知识。

（二）能力素质

能力素质由专业能力和工作能力组成。工作能力主要指除工作中所需要的专业能力之外的能力，也称为适应能力，其包括社会适应能力、交流合作能力和组织管理能力等。专业能力主要包括自学能力、创新能力、实践能力、全局思维能力和独立解决问题的能力等。

专业能力素质主要指吸取新知识的自学能力、不断进取的创新能力、把握全局的思维能力和实际工作中的动手能力；工作能力素质主要指适应快速发展的社会并为社会作贡献的能力，以及人与人之间在工作等方面相互交流与合作的能力。

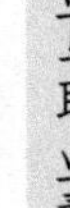

实践与训练

测测你的职业素养

测试导语：

良好的职业素养是职业发展的基本保障，用“是”或“否”回答下列问题，看看你自己的职业素养如何？

开始测试：

（1）是否喜欢现在的专业？

（2）是否会因为同事之间不和而在工作上拒绝合作？

（3）即使没有奖金，在特定情况下是否愿意加班？

（4）是否具备工作所需的各项职业技能？

（5）是否认为只要完成本职工作就不必太在意出勤率？

（6）同事工作都不积极，自己是否愿意随大流？

（7）是否考虑提高自己的专业水平？

（8）认为自己在公司或企业是否有发展前途？

（9）是否看重和谐的人际关系？

（10）是否有信心把工作做好？

（11）能应对艰苦繁重的工作吗？

（12）了解自己以后所要从事职业的职业道德要求吗？

（13）你从打工（实习或实践活动）的经历中体会到职业素养在工作中是否重要？

（14）是否有意识地在主动培养自己的职业素养？

（15）是否对企业忠诚并有团队归属感？

（16）对工作是否有激情？

（17）对未来的就业前景是否充满希望？

（18）为了能继续从事这个职业，是否愿意接受任何类型的工作分配？

（19）会很骄傲地告诉别人自己所从事的职业吗？

（20）所从事的职业是否会激励着自己在工作中追求最佳表现？

（21）对自己所从事职业的未来发展是否真的很关心？

（22）为了协助公司成功，是否愿意比平常付出更大的努力？

评价分值：

回答“是”得 1 分，回答“否”不得分，将分数相加。

专家点评：

分数为 18～22：你是个职业素养很高的人。你忠于企业、能坚守岗位、能掌握精湛的技术、敬业奉献。

分数为 13～17：总的看来你还是一个具备良好职业素养的人，能吃苦耐劳、踏踏实实工作。对于企业来说，你是一个让企业放心的人。

分数为 8～12：你的职业素养一般，常常会对自己的职业不满意，不能安心工作，爱岗敬业精神不佳。

分数为 8 以下：你是个职业素养较低的人，对自己职业的前景迷茫，对工作不负责任，缺乏敬业精神。

第二节　素养成就未来

阅读材料

他为什么能成功就业

2007 年，王威同学走出了自己的母校——某仪表电子学校开始了顶岗实习之旅。

他被推荐到一个企业做一名普通的技工。每天，王威同学总是最后一个下班，当其他顶岗实习的同学听见下班铃就马上离开企业的时候，王威同学总要坚持完成手头的任务再离开。离开的时候，王威会进行车间整理，清理垃圾，并且察看电源是否都关闭，门是否锁好。

一个月后，王威同学被提升为部门主管。并且企业破例不等王威同学领取毕业证书就直接和他签订了正式劳动合同。“这个岗位，这份待遇，我们是为具有高职业素养的人才准备的！”——企业负责人说。王威同学的成功在于：出色的职业素养和良好的职业习惯。

思考：为什么要培养自身职业素养？

当前社会需要一大批具有良好职业素养，满足社会需求，促进社会发展，敬业、勤业、乐业的应用型人才。即将走进职场的中职学生，要想尽快成为一名合格的职业人士，必须培养自身良好的职业素养。

名人名言

不良的习惯会随时阻碍你走向成名、获利和享乐的路上去。

——莎士比亚

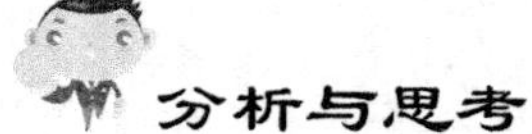

分析与思考

一、社会发展对职业素养的新要求

（一）综合性的基本素质

随着高新技术在行业内所占比重逐渐加大，行业内技术手段的更新、原有业务的拓展以及经营的多元化，使得一些新的技术含量高的岗位不断产生，这样一来，就产生了企业对复合型专业人才的大量需求，并对从业者的职业素养也有了更高要求。然而，到底应具备怎样的职业素养才能成为企业满意的复合型人才？

前不久，在武汉市举办的一场人才招聘会上，某科技公司在招聘一名日语翻译时，明确提出“日语水平不仅要达到一级，还要具备机械行业相关工作经验，对本行业的运作有一定了解”；某建筑设计公司在招聘道桥设计人员时，除了对求职者在CAD等软件操作能力上作出了明确要求外，还提出“参加过类似工程的设计，对高架桥、高速公路设计有一定掌握”的要求。

复合型人才应不仅在专业技能方面有突出的经验，还要具备较高的相关技能。复合型人才就是多功能人才，其特点是多才多艺，能够在很多领域大显身手。复合型人才包括知识复合、能力复合、思维复合等多个方面。当今社会的重大特征是学科交叉、知识融合、技术集成。这一特征决定着每个人都要提高自身的综合素质，既要拓展知识面，又要不断调整心态，变革自己的思维，成为一名“光明思维者”。

（二）开放性的职业道德

法治精神、信守契约和开放的心态构成了新世纪员工职业道德的要素。

1. 应树立在法律或规则面前人人平等的观念

法律或规则的严肃性，是现代经济社会正常运行的基础。如果失去这个基础，企业乃至社会都会陷入混乱，最终导致个人的利益无法得到保证。

2. 应信守契约和承诺

员工和企业、社会中各个法律实体之间，在法律的意义上都是契约关系。信守契约和承诺是保证企业正常运行和社会生活正常开展的最为基本的条件。

3．应具有开放的心态

当我们在从事自己非常熟悉的工作时，也许是得心应手的。但是也应该自觉主动地听取别人的意见。在遇到不同意见的时候，我们也要静下心来，认真地想一想对方为何提出这个意见，不要拘泥于自己的想法和观点。

二、提高职业素养的意义

提高职业素养从个人的角度看就是提高一个人做好工作的素质和能力，如果个人缺乏良好的职业素养，就很难取得突出的工作业绩，更谈不上建功立业。

在当今市场经济条件下，中职学生的就业率非常高，但在高就业率的背后常常出现这样的情况：一方面，当我们进入工作领域后，由于各方面原因，频频跳槽，企业不满，自身也难以取得进步；另一方面，由于学习能力的缺乏，无法进一步提高个人水平，因而失去可持续发展的能力，最终在激烈的竞争中被淘汰。这些状况归根结底是因为中职学生缺乏不断提高自身职业素养的意识。国民经济的快速发展，带动了企业对从业人员需求水平的提高，若想在激烈的竞争中立于不败之地，必须注重自身职业素养的培养与提高。

从企业角度看，只有拥有一大批较高职业素养的员工才能求得生存与发展。这些员工可以帮助企业节省成本、提高效率，从而提高企业市场竞争力。

从国家角度看，国民的职业素养直接影响着国家经济的发展。良好的国民素质是社会稳定的前提，是国民经济持续发展的保障。

实践与训练

学会管理时间

训练目的：

培养效率观念，学会管理时间。

训练组织：

掌握时间的工具：

	紧急	不紧急
重要	*A* 1．危机 2．急迫的问题 3．有期限的任务 4．考试	*B* 1．平时的学习 2．准备及预防工作 3．计划 4．关系的建立

	紧急	不紧急
不重要	*C* 1．干扰，一些电话 2．一些信件 3．许多紧急事件 4．凑热闹的活动	*D* 1．细碎、忙碌的工作 2．一些电话 3．闲聊 4．长时间看电视 5．玩太多网络游戏

训练考核：

请把每天所做的事情分类归入 *A*、*B*、*C*、*D* 4 个象限：

A：紧急并且重要的任务。这些任务具有最高的优先等级，马上开始做。

B：重要但不紧急的任务。完成这些任务需要时间，需循序渐进，不可中断。

C：紧急但不重要的任务。它们的优先等级不是最高的，但应在你的时间表中占重要位置。

D：既不紧急又不重要的任务。你真的需要做这些事情吗？不必浪费过多的时间在此项。

第三节 满足企业需求 做优秀员工

阅读材料

被忽略的简历

参加招聘会的早上，小陈不慎碰翻了水杯，将放在桌上的简历浸湿了。为尽快赶到会场，小陈只将简历简单地晾了一下便和其他东西一起匆匆塞进背包。

在招聘会现场，小陈看中了一家机电公司的制造部主管岗位。按照这家企业的要求，招聘人员将先与应聘者简单交谈再收简历，被收简历的人将得到面试的机会。

轮到小陈时，招聘人员问了小陈三个问题后，便向他要简历。小陈受宠若惊地掏出简历时，这才发现，简历上不光有一大片水渍，而且放在包里被揉搓得已经不成样子了。小陈努力将它弄平整，递了过去。看着这份伤痕累累的简历，招聘人员的眉头皱了皱，还是收下了。那份折皱的简历夹在一叠整洁的简历里，显得十分刺眼。

三天后，小陈参加了面试，表现非常活跃，无论是现场操作，还是言谈举止，他都表现得不错，面试负责人对小陈称赞道："你是今天面试者中最出色的一个。"

然而，面试过去一周后，小陈依然没有得到回复。他急了，忍不住打电话到企业询问情况。企业的人事助理告诉他："其实招聘负责人对你是很满意的，但你败在了简历上。老总说，一个连简历都保管不好的人，是管理不好一个部门的。你应该知道，简历实际上代表的是你的个人形象。将一份凌乱的简历投出去，有失严谨。"

思考：什么样的员工是优秀员工？什么样的员工在企业中能获得更大的发展？

要展示完美的自己很难，它需要每一个细节都要完善；但毁坏自己很容易，只要一个细节没注意到，就会给你带来难以挽回的影响。一名员工是否能够得到更大的发展，往往只是一个小小的细节所决定的。

名人名言

在小事上对真理持轻率态度的人，
在大事上也是不可信任的。

——爱因斯坦

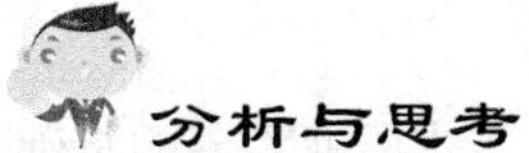

分析与思考

一、培养职业素养

为了使中职学生的在校学习和未来的职业发展更好地衔接，顺利完成从职业学校的学生到企业员工的角色转换，中职学生在职业学校学习期间就应该以职业发展为目标制订合理的学习计划，在学习和提升专业技能的同时，注重自我培养和提升自我的职业素养。

（一）制订学习生涯规划

个人的专业学习计划应当包括明确的专业学习目标，也就是我们通过专业学习达到的成绩，在专业基本理论、基本知识和基本技能方面达到的水平，在专业能力和实际应用方面达到的目标。制订明确的学习生涯规划和时间进程表，包括总体学习时间和学习进度安排表，即中职三年如何安排专业学习进程。

（二）职业素养自我培养的途径

中职学生在校期间就应当基本上具备工作岗位所要求的能力，同时应注重能力的自我培养。中职学生自我培养的途径主要有以下几个。

1．积累知识

知识是能力的基础，勤奋是成功的钥匙。离开知识的积累，能力就成了“无源之水”，而知识的积累要靠勤奋的学习来实现。中职学生在校期间，既要掌握课本上的知识和技能，也要掌握学习的方法，学会学习，养成自学的习惯，树立终身学习的意识。

2．勤于实践

善于学习是培养能力的基础，实践是培养和提高能力的重要途径，是检验学生是否学到知识的标准。因此中职学生在校期间，既要主动积极参加各种校园文化活动，又要勇于参与一些社会实践活动；既要认真参加社会调查活动，又要热心各种公益活动；既要积极参与校内外相结合的科学研究、科技协作、科技服务活动和以校内建设或社会生产建设为主要内容的生产劳动，又要热忱参加教育实习活动，参加学校举办的各种类型的学习班、培训班等。

3．发展兴趣

兴趣包括直接兴趣和间接兴趣。直接兴趣是事物本身引起的兴趣，间接兴趣是对能给个体带来愉悦或益处的活动结果发生的兴趣。人的意志在其中起着积极的促进作用。中职学生应该重点培养对学习的间接兴趣，以提高自身能力为目标鼓励自己学习。

4．超越自我

作为一名中职学生，我们应当注重发展自己的优势和能力，在具备基本职业素养的基础上，对已有的优势和能力进行拓展。不管我们的职业发展方向如何，优秀的职业素养是我们今后生存的需要和发展的保障。

二、强化核心职业能力

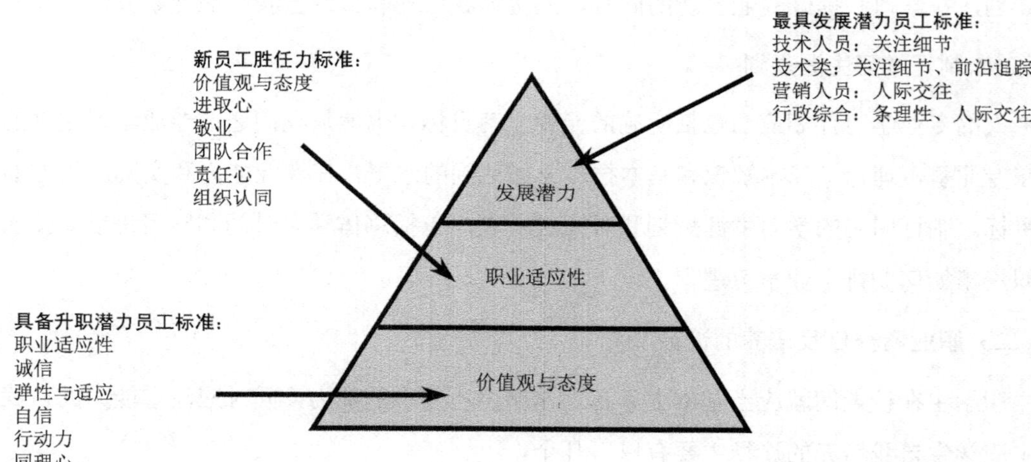

核心职业能力是职业能力的一个重要组成部分。核心职业能力又称为职业关键能力和职业通用能力，是指任何职业或行业工作都需要的、具有普遍适用性和可转移性的且在职业活动中起支配和主导作用的能力。核心职业能力是具有相通性的职业能力，它不针对某种具体的职业、岗位，是不论从事哪一种职业都不可或缺的能力。核心职业能力在职业活动中起支配作用和主导作用。职业活动种类繁多，它所需要的素质多种多样，但在各种职业活动中，有一些职业活动能力是基本的要素，是各种职业活动中不可缺少的元素，它们可以引导和激发其他职业能力的生成。

核心职业能力是一种具有可转移性的职业素养。核心职业能力包括具有转移价值的认知的、情感的、动作技能等方面的能力。

核心职业能力不是一种专业技能，而是运用技术方法做事的能力，是完成工作过程中的执行能力。核心职业能力的养成重在学习或工作的过程，要在加强专业知识的学习和专业能力训练的同时，渗透方法能力、职业适应力、职业态度、创新能力、学习能力的培养，使核心职业能力在完成工作或项目的过程中得到提高。

三、注重细节培养

中职学生正处于个人成长的关键时期和职业生涯的起步阶段，培养良好的职业素养，只有从细节做起，才能为将来更长远的职业发展打好基础。“谦让、讲卫生、东西摆放整齐、做错事要道歉”这些学习、生活中的细节看似微不足道，但必须认真对待，这是成功必备的素质。

“勿以善小而不为”，捡起地上的一片废纸、公交车上为老弱病残让一次座、为需要帮助的人提供力所能及的帮助……“小事”能使我们焕发光芒。

“勿以恶小而为之”，忘了打扫卫生、忘了关闭机床电源、忘了关灯关水……“小事”也可能成为我们事业发展的阻碍。

忽视细节会付出惨重的代价，“千里之堤，溃于蚁穴”说明小小的遗漏也会造成重大的损失。

微小的错误会产生严重的后果，1%的错误会导致100%失败，99.9%合格会产生1%的缺憾，它会导致……

- 每天会有12个新生儿被错交到其他婴儿父母手中；
- 每年会有11.45万双不成对的鞋被装错；
- 每小时会有18322份邮件投递错误；
- 将有88万张流通中的信用卡上的持卡人信息不正确；
- 每天会有20000个误开的处方；
- 将有550万盒软饮料质量不合格；
- 291例安装心脏起博器的手术出现失误……

任何麻痹和对细节的忽视都会带来难以想象的后果。所以，凡事都必须进行科学、细致地观察和研究，才能防患于未然。我们在培养自我的职业素养时更应注重细节的养成，未来激烈的人才竞争更关注职业素养细节的表现。无论是在我们的生活中，还是工作中，一切事情及过程都是由细节组织而成，要注意细节，把握细节，将所有的细节有机地联系起来，加以关注并予以落实。在前往目标的路途中，关注小事、小问题，不放过每一个细节，才有成功的希望。

实践与训练

自我分析SWOT量表

训练目的：

根据自己的就业目标，增强对自我的认识，找出自己的不足，明确前进的方向。

训练组织：

学生填写SWOT量表，要求：

1）每人填写一份SWOT量表，其中对应的栏目要求填写与自身符合的内容，例如：优势（自身具备的优点或良好习惯）——动手能力强、有耐心等。

2）填写完成后，全班同学分成4人一组，通过讨论增强对自我的认识。

Strengths　优势（自身具备的优点或良好习惯）	Weaknesses　劣势（自身的不足或坏习惯）
Opportunities　机会（促进自身发展的情境）	Threats　威胁（阻碍就业目标实现的原因）

训练考核：

教师帮助学生分析、评价量表中的内容，指导学生根据自身的优势和不足扬长避短，督促学生制订和实施改进计划。

第三章 规范行为习惯

第一节 认识行为习惯

阅读材料

成功从脱鞋开始——加加林的故事

1961年4月12日莫斯科时间上午9时零7分，苏联宇航员尤里·加加林乘坐4.75吨重的“东方1号”宇宙飞船从哈萨克斯坦的拜克努尔发射场起航，在最大高度为301公里的轨道上绕地球一周，历时1小时48分钟，于上午10时55分降落在前苏联境内，完成了世界上首次载人宇宙飞行，实现了人类进入太空的愿望。加加林成为世界上第一位进入太空的宇航员。他为什么能够从20多名宇航员中脱颖而出？

原来，在确定人选的前一个星期，有一个小插曲：宇宙飞船的主设计师罗廖夫发现，20多名宇航员去参观他们要乘坐的飞船时，只有加加林一个人进舱门的时候脱下鞋子，只穿袜子进入座舱。就是这个细小的举动赢得了罗廖夫的好感，他感到这个27岁的青年既懂规矩，又如此珍爱他为之倾注心血的飞船，于是决定让加加林执行人类首次太空飞行的神圣使命。加加林通过一个不经意的细节，表现了他珍爱他人劳动成果的修养和素质，也使他成为遨游太空的第一人。

有人开玩笑说，成功从脱鞋开始。原来，得到赏识很简单，养成好习惯就可以了。

思考：什么是行为习惯？

加加林因为在平时生活中养成了细心的好习惯，所以成就了自己的成功。有了这层体悟与认识，会让我们更容易认识行为习惯，更深刻地理解行为习惯对于现代社会企业和个人的重要意义。

习惯是所有伟人的奴仆，也是所有失败者的帮凶。伟人之所以伟大，得益于习惯的鼎力相助，失败者之所以失败，习惯的罪责同样不可推卸。

- “好习惯”是获得成功与快乐的人生的基础。
- “好习惯”是一个人、一个民族、一个社会发展的基石。

名人名言

思想引导行为；行为养成习惯；习惯造就性格；性格决定命运。

——约·凯思斯

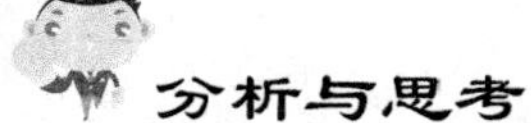

分析与思考

一、行为习惯的定义

从古到今，人们对于行为习惯的定义都有着不同的见解。在汉语里，习惯有两种基本的含义：一是指习于旧贯，习于故常；二是指长时间养成的不易改变的生活方式。从当代心理学的角度看，习惯是人在一定情境下自动化地去进行某种动作的需要或倾向。或者说，习惯是人在一定情境中所形成的相对稳定的、自动化的行为方式。

现在，大多数人们比较认同的权威性的行为习惯定义是美国心理学家阿瑟. S. 雷伯概括出的关于习惯的解释，雷伯在其所著的《心理学词典》中将习惯的含义概括为四种：①一般指一种习得的动作。本义是指运动模式、身体反应，现在已不限于此。②通过重复而自动化了的、固定下来的且无需努力就轻而易举地实现的活动模式。③对药物的癖嗜，常用术语是药物依赖。④指特定动物物种的特征性行为模式，如“狒狒的习性”。

综合以上的解释，行为习惯有如下特点：

1．习惯是自动化了的反应倾向、活动模式或行为方式；

2．习惯是在一定时间内逐渐养成的，它与人后天条件反射系统的建立有密切关系；

3．习惯不仅仅是自动化了的动作或行为，也可以包括思维的、情感的内容；

4．习惯满足人的某种需要，由此习惯可能起到积极和消极的双重作用。

二、积极的行为习惯

行为科学研究告诉我们，人 95%的行为属于习惯性行为，它的形成分 3 个阶段：第一阶段在 1～7 天，重复相同的动作是刻意的、不自然的；第二阶段在 7～21 天，重复相同的动作虽然是刻意的，但已趋于自然；第三阶段在 21～90 天，重复相同的动作是不经意的、自然而然的。只要保持 21 天以上重复同一个行为会形成习惯，而 90 天相同的重复这个行为则会成为人稳定的习惯。另外，德国心理学家勒温提到，人类行为既受个体的影响，也受外界环境的影响，人的行为习惯的形成是由人的个体特征和周围环境相互作用的结果。

事实上，引导成功的唯一最重要的因素是我们每一天所做的事情。我们的习惯将会决定我们能否成功。积极的行为习惯会对我们的成才起到良好的促进作用，同时能使我们终身受益。例如，勤奋、耐心、细心等积极的行为习惯能够转化为个人内在的性格、情操、道德观念，也是正确地为人处世、建功立业的基础；如果我们存在消极的行为习惯，这些行为习惯日复一日地伴随我们必定会导致我们事业和生活的失败。工作与生活中，常见的消极的行为习惯包括浪费时间、懒惰、胆小、缺乏勇气，等等。

20多年前，海尔公司在厂区内张贴“不准随地小便”的告示，我们可能会产生这样的疑问：难道当时的员工不知道洗手间才是合适的地方吗？虽然现在看来在厂区张贴这样的告示是画蛇添足之举，但在当时，这种不良事件的确曾经发生，这种欠缺文明的不良行为习惯必然破坏环境卫生、损坏工厂和企业品牌形象。只有将这种不良行为习惯用强制性的方法矫正过来，才能建立优秀的企业团队。因此，培养有利于团队成长和企业长期发展的行为习惯，才是积极的应对策略。海尔集团也正是在注重员工的行为习惯、提高团队向心力的努力下，才赢得了今天“国内最具世界竞争力家电集团”的地位。

实践与训练

校园6S现场管理

训练目的：

通过活动的方式将企业6S管理结合到校园制度实施，规范学生行为，使学生真正了解企业需要人才的标准。

训练组织：

根据企业产线6S管理方式实施具体事项，配合校园管理制定校园6S管理标准，同时以社会现状上产线员工的基本薪酬为标准，以1000个金币为限。

6S内容走进校园管理　企业文化渗入德育教学（以1000个金币为限，违反者扣除相应金币）

具体事项	金币配额
一、整理	
1. 学生应在正式上课铃前进入教室。在正式上课铃后进入教室的：无正当事由晚20分钟以内，扣除50金币；晚20分钟以后，扣除200金币	–50或–200金币
2. 下课以教师宣布为准，听见铃声下位哄跑者扣除50金币	–50金币
3. 学生课桌上物品应与课程相关，非相关物品不得在课桌上出现（手机、零食、饮料、小说、杂志、化妆品、镜子等非课程用品），出现扣除30金币	–30金币
4. 桌面物品应保持整理规范，分类有序。无条理者扣除10金币	–10金币
5. 下课后应立即清理、整理学习用品，为下节课作出准备	+50金币
6. 作出一天整理规划，包括寝室整理规划等，自我监督执行	+50金币

（续）

6S 内容走进校园管理　企业文化渗入德育教学（以 1000 个金币为限，违反者扣除相应金币）	
具 体 事 项	金 币 配 额
二、整顿	
1．班级课桌椅有序排放，违反者扣除 20 金币	–20 金币
2．课桌椅醒目处贴上所属学生姓名，由学生负责维护保管，如有损坏，由保管人负责修理，违反者扣除 100 金币	–100 金币
3．讲台放置在教室前方中央，讲台上粉笔盒与板擦应摆放整齐，易于教师取用，违反者（每日黑板清洁值日生）扣除 10 金币	–10 金币
4．每日放学后，由当日值日生清理教室废弃物，并对其分类，将可回收物与不可回收物分开处理，保持教室整洁，违反者扣除 20 金币	–20 金币
5．班级墙报内容应根据要求及时更新，黑板与墙报无乱涂乱改情况，违反者扣除 30 金币	–30 金币
6．由各组长每日自检，班长复检，重点检查内容：物品放置到位情况，教室整洁、整齐情况，举报属实者加 100 金币	+100 金币
三、清理	
1．讲台保持干净，无杂物、粉笔灰，违反者扣除 20 金币	–20 金币
2．黑板保持整洁、明亮，违反者扣除 10 金币	–10 金币
3．地面保持洁净，定时打扫，无废弃物，违反的清洁值日生扣除 50 金币	–50 金币
4．桌面有序无杂物，违反者扣除 10 金币	–10 金币
5．窗台、门框保持干净，定期清洁，违反的清洁值日生扣除 30 金币	–30 金币
四、清扫	
1．随时保持地面无碎屑、纸屑等杂物，违反者扣除 20 金币	–20 金币
2．保持墙上、天花板、门窗无灰尘，违反者扣除 20 金币	–20 金币
3．随时保持讲台、黑板的整洁干净，违反者扣除 20 金币	–20 金币
五、素养	
1．周一升国旗，统一着装校服，违反者扣除 50 金币	–50 金币
2．在校园内不得穿戴奇装异服，不得染烫头发，男生不得留长发，发长保持在齐耳，并每日佩戴校牌，违反者扣除 50 金币	–50 金币
3．不得在校园内任何区域抽烟，违反者扣除 200 金币	–200 金币
4．用餐应自觉排队，不插队；饭后保持餐桌干净，违反者扣除 30 金币	–30 金币
5．不随地吐痰，不乱抛垃圾，违反者扣除 20 金币	–20 金币
6．上课时间不准进食，如早餐、零食等物，不得将食物带入教学楼，违反者扣除 50 金币	–50 金币
7．学校有关校纪校规学生应自觉遵守，对于违纪者依具体情况扣除 50~200 金币并把名单公布于警告栏内	–50 至–200 金币
8．礼貌待人，尊敬教师，团结同学，表现良好者奖励 100 金币	+100 金币
9．应注意良好的个人卫生，违反者扣除 100 金币	–100 金币
10．每班对每月平时表现好或有贡献者，由班主任据情况进行奖励	+50～500 金币
六、安全	
1．实习实训期间遵守安全守则，严禁违章操作，违反者扣除 50 金币	–50 金币
2．寝室内严禁吸烟，严禁使用大功率电器，违反者扣除 100 金币	–100 金币
3．严禁携带管制刀具，违反者扣除 500 金币	–500 金币

训练考核：

学生平时行为规范以校园6S管理为标准，根据其具体行为扣除或奖励对应数量的金币，一个月后计算真正可以获得多少金币，就如在企业可以拿到多少薪酬。

第二节 习惯影响命运

阅读材料

一次特殊的面试

亨利•福特是美国福特汽车制造公司的创始人。大学毕业后，他到一家汽车公司应聘，之所以能被这家公司录用，很重要的一个原因是一张“废纸”。

和他一起参加竞聘的几个求职者都比他学历高、条件好，他觉得自己没有什么希望了。他带着“没什么希望”的心理敲门走进了董事长的办公室。

一进办公室，他发现入门处有一张纸，便弯腰捡了起来，发现是一张废纸，便顺手把它扔进了废纸篓里。然后，福特走到董事长的办公桌前，说：“我是来应聘的福特。”董事长说：“很好，很好！福特先生，你已被我们录用了。”福特惊讶地说：“董事长，你怎么还没有面试就把我录用了？”董事长回答道：“福特先生，前面三位的确学历比你高，且仪表堂堂，但是他们眼里只能‘看见’大事，而看不见小事。你的眼睛能看见小事，我认为能看见小事的人，将来自然能看到大事，一个只能‘看见’大事的人，他会忽略很多小事，是不会成功的。所以，我才录用你。”

福特就这样进入了这家公司，在他的努力下，这家公司很快扬名天下，成为著名的“福特汽车制造公司”，改变了美国汽车行业的地位，使美国汽车产业在世界独占鳌头。正是因为福特能看到小事、注重细节，才使他有了事业成功的基础。

思考：为什么福特会取得成功？

重复会形成习惯；重复会形成稳定的习惯。即同一个动作，重复就会变成习惯性的动作；同样道理，任何一个想法，重复一段时间，或者重复验证，就会变成习惯性想法。所以，一个好习惯如果被人反复实践验证，它一定会变成他的“助推器”。

作为年轻人，如果我们能将好的思维方式、好的行为、好的工作方式变成习惯，那我们就会很轻松地获得成功与快乐的人生。

名人名言

美德大多存在于良好的习惯中。

——佩利

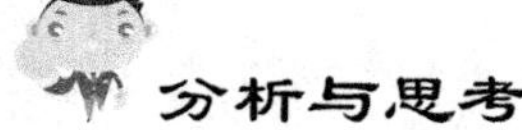

分析与思考

一、习惯影响命运

好习惯是成功的钥匙。有人说，建设多高的楼就打多深的地基，根基不牢地动山摇。建筑如此，做人更是如此。1987 年，75 位诺贝尔奖得主齐聚巴黎，记者问一位诺贝尔科学奖得主："您在哪所大学、哪个实验室学到了您认为是最主要的东西呢？"这位白发苍苍的老学者答道："是幼儿园。"记者随即问道："在幼儿园能学到什么东西呢？"老学者平静地说："把自己的东西分一半给小伙伴们，不是自己的东西不要，东西放整齐，吃饭前要洗手，做错事要表示道歉，午饭后休息，要观察周围的大自然……"这位科学家出人意料的回答，恰恰证明了良好行为习惯的养成对一个人成功的决定性意义。

好习惯都是慢慢培养、天长日久熏陶出来的，孔子说："少成若性，习贯之为常。"成功人士能在事业上创造奇迹，很大程度上依赖于良好的习惯。

1995 年，教育学家们对 148 名中外杰出青年进行调查研究发现，他们之所以能够成为杰出青年，与他们自身具备的良好行为习惯有着重要的联系：这些青年在中小学读书时，60%以上的人可以抵制住外界的诱惑，坚持认真完成作业；近 70%的人非常喜欢独立完成学习或工作任务；80%的人面对班级中不公平的事情会感到愤怒；一半以上的人会制止他人的不良行为。而就在同年一篇极其震撼的研究报告也公开发表，内容是对 115 名青年死刑罪犯的调查报告：32%的人曾经是少年犯；67%的人有前科。调查表明，这些罪犯从善到恶并非偶然，大都有好逸恶劳、不学无术、自以为是等不良习惯，最终导致他们走上了人生不归路。不同的经历造成了杰出青年与死刑罪犯之分，更造成了杰出与平庸之别，而造成这些区别的基本原因之一就是行为习惯的不同。

一种行为习惯往往会伴随人的一生，不同的习惯对人的影响也截然不同。习惯一旦养成，人就会不自觉地在这个轨道上运行，经年累月地影响着他们的品德，左右着他们的成败。

二、培养良好的行为习惯为中职生构建全面发展的平台

习惯是一种自动化的、稳定的行为，一经形成就会成为人的第二天性。良好的行为习惯一旦形成就成为人的一种稳定的行为方式，它们将在人的一生中发挥重要的作用。良好的行

为习惯成为人不断进步的动力源泉，其中包含文明习惯、遵纪习惯、生活习惯、工作习惯等。

1. **文明习惯**

一个人素质的高低与文明习惯有着直接的关系。文明习惯主要包括仪表、用语、待人接物、卫生等方面的习惯。培养文明习惯是学会做人的开始。

2. **遵纪习惯**

纪律是文明的标志，也是公共生活的行为规则。遵规守纪是形成良好素质的必要条件。没有纪律也就没有自由，要自由就必须遵规守纪。

3. **生活习惯**

有规律、有节奏的生活能提高人们的工作效率和学习效率。懂得珍惜时间、劳逸结合的生活才能得到事半功倍的效果。

4. **工作习惯**

工作就是改造自身周围环境。中职学生在学习和生活中要培养自身吃苦耐劳、克服困难的精神。面对即将踏上的工作岗位，只有培养自身良好的工作习惯才能够在激烈的竞争中求得生存和发展。

中职学生如果养成一系列做人、做事和学习方面的基本良好行为习惯，必然终身受用，成为自身可持续发展的重要力量。对于中职学生而言，要成为一名高素质的员工需要具备一系列基本素质。基本素质就是在人身上表现出来的稳定的、自然的品质和行为。基本素质包含的内容是多方面的，有相当一部分表现为一系列基本的行为习惯。因此，培养中职学生优秀的品质，必须从养成良好的行为习惯开始。良好的行为习惯是能力和素质的生长点，为中职学生全面发展提供了支撑的平台。

实践与训练

学习国学经典《弟子规》

训练目的：

学习国学经典《弟子规》，了解古代行为规范要求，对比现代企业对员工的规范，对照约束自己的言行。

训练组织：

抄写并背诵《弟子规》。

弟子规

〈总叙〉

弟子规 圣人训 首孝悌 次谨信 泛爱众 而亲仁 有余力 则学文

〈入则孝〉

父母呼 应勿缓 父母命 行勿懒 父母教 须敬听 父母责 须顺承 冬则温 夏则清 晨则省 昏则定 出必告 反必面 居有常 业无变 事虽小 勿擅为 苟擅为 子道亏 物虽小 勿私藏 苟私藏 亲心伤 亲所好 力为具 亲所恶 谨为去 身有伤 贻亲忧 德有伤 贻亲羞 亲爱我 孝何难 亲憎我 孝方贤

亲有过 谏使更 怡吾色 柔吾声 谏不入 悦复谏 号泣随 挞无怨 亲有疾 药先尝 昼夜侍 不离床 丧三年 常悲咽 居处变 酒肉绝 丧尽礼 祭尽诚 事死者 如事生

〈出则弟〉

兄道友 弟道恭 兄弟睦 孝在中 财物轻 怨何生 言语忍 忿自泯 或饮食 或坐走 长者先 幼者后 长呼人 即代叫 人不在 己即到 称尊长 勿呼名 对尊长 勿见能 路遇长 疾趋揖 长无言 退恭立 骑下马 乘下车 过犹待 百步余

长者立 幼勿坐 长者坐 命乃坐 尊长前 声要低 低不闻 却非宜 近必趋 退必迟 问起对 视勿移

事诸父 如事父 事诸兄 如事兄

〈谨〉

朝起早 夜眠迟 老易至 惜此时 晨必盥 兼漱口 便溺回 辄净手 冠必正 纽必结 袜与履 俱紧切 置冠服 有定位 勿乱顿 致污秽 衣贵洁 不贵华 上循分 下称家 对饮食 勿拣择 食适可 勿过则 年方少 勿饮酒 饮酒醉 最为丑

步从容 立端正 揖深圆 拜恭敬 勿践阈 勿跛倚 勿箕踞 勿摇髀 缓揭帘 勿有声 宽转弯 勿触棱 执虚器 如执盈 入虚室 如有人 事勿忙 忙多错 勿畏难 勿轻略 斗闹场 绝勿近 邪僻事 绝勿问 将入门 问孰存 将上堂 声必扬 人问谁 对以名 吾与我 不分明 用人物 须明求 倘不问 即为偷 借人物 及时还 后有急 借不难

〈信〉

凡出言 信为先 诈与妄 奚可焉 话说多 不如少 惟其是 勿佞巧 奸巧语 秽污词 市井气 切戒之

见未真 勿轻言 知未的 勿轻传 事非宜 勿轻诺 苟轻诺 进退错 凡道字 重且舒 勿急疾 勿模糊 彼说长 此说短 不关己 莫闲管 见人善 即思齐 纵去远 以渐跻 见人恶 即内省

有则改 无加警 唯德学 唯才艺 不如人 当自砺 若衣服 若饮食 不如人 勿生戚 闻过怒 闻誉乐 损友来 益友却 闻誉恐 闻过欣 直谅士 渐相亲 无心非 名为错 有心非 名为恶 过能改 归于无 倘掩饰 增一辜

〈泛爱众〉

凡是人 皆须爱 天同覆 地同载

行高者 名自高 人所重 非貌高 才大者 望自大 人所服 非言大 己有能 勿自私 人所能 勿轻訾 勿谄富 勿骄贫 勿厌故 勿喜新 人不闲 勿事搅 人不安 勿话扰

人有短 切莫揭 人有私 切莫说 道人善 即是善 人知之 愈思勉 扬人恶 既是恶 疾之甚 祸且作 善相劝 德皆建 过不规 道两亏 凡取与 贵分晓 与宜多 取宜少 将加人 先问己 己不欲 即速已 恩欲报 怨欲忘 报怨短 报恩长

待婢仆 身贵端 虽贵端 慈而宽 势服人 心不然 理服人 方无言

〈亲仁〉

同是人 类不齐 流俗众 仁者希 果仁者 人多畏 言不讳 色不媚 能亲仁 无限好 德日进 过日少 不亲仁 无限害 小人进 百事坏

〈余力学文〉

不力行 但学文 长浮华 成何人 但力行 不学文 任己见 昧理真 读书法 有三到 心眼口 信皆要 方读此 勿慕彼 此未终 彼勿起 宽为限 紧用功 工夫到 滞塞通 心有疑 随札记 就人问 求确义 房室清 墙壁净 几案洁 笔砚正 墨磨偏 心不端 字不敬 心先病 列典籍 有定处 读看毕 还原处 虽有急 卷束齐 有缺坏 就补之 非圣书 屏勿视 敝聪明 坏心志 勿自暴 勿自弃 圣与贤 可驯致

训练考核：

根据《弟子规》的解释归类在下表中填写原文。

内　容	《弟子规》原文
家庭和睦	例如：【冬则温、夏则凊、晨则省、昏则定】 【出必告、反必面、居有常、业无变】 【亲所好、力为具、亲所恶、谨为去】
自食其力	
独立自主	
学习习惯	
行为习惯	
卫生习惯	
礼仪规范	

第三节　养成良好习惯

阅读材料

文明修身　自强不息

新加坡是一个通用英语的国家，这个国家公共场所的各种标语大多是用英语书写的。但其中的一些有关文明礼貌的标语，如“不准随地吐痰”、“禁止吸烟”、“不准进入草坪”等却用中文书写。为什么呢？因为有这些不文明行为的大多数是中国游客。因此，到新加坡考察的一位中学校长语重心长地说：“不文明行为也是国耻。”中央电视台曾经报道，国庆节后的天安门广场，随处可见口香糖残迹，据统计，40万平方米的天安门广场有60万块口香糖残渣，经记者实地测算，除去人民英雄纪念碑和毛主席纪念堂的面积，平均每平方米有5块口香糖残渣。记者在广场随机选取5块地方测算密度，其中毛主席纪念堂南门地面上每平方米平均多达9块，广场东南出入口也达到8块。在人民英雄纪念碑北侧口香糖残渣相对较少，平均每平方米3块，但走到国旗杆下又达到每平方米5块，在地下通道口也有每平方米5块。密密麻麻的斑痕与天安门广场的神圣和庄严形成了强烈反差。

调查发现，国内市场上在售的几种品牌口香糖的包装上都印有“吃过后用纸包好扔进垃圾箱”的提示字样，有的还在一旁附上了生动的图案，但真正能做到的人却寥寥无几。

思考：为什么文明程度会有如此大的差距？

文明其实就是良好的行为习惯。很多中职学生把知识和技能的学习放在首位，常常忽略了社会公德的培养、文明习惯的养成。事实上，良好的行为习惯，是保证我们顺利学习的前提，也是树立健康人格的基础。所以，我们首先应该做一个堂堂正正的人，一个懂文明、有礼貌的谦谦君子，然后才能成才。不能做一部单纯掌握知识技能的机器，而要成为一个身心和谐发展的人。文明是素质的前沿，拥有文明，我们就拥有了世界上最为宝贵的精神财富。

名人名言

孩子成功教育从好习惯培养开始。

——巴金

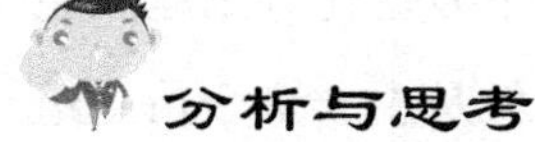

一、养成良好习惯

习惯的养成决非一朝一夕就能完成，尤其是那些能将你导向成功的好习惯，在一定意义上有悖于好逸恶劳的人性弱点，需要你严格要求自己，循序渐进逐步改善。纵观取得非凡业绩的优秀职场人士，无一不是高效能习惯的“奴隶”。

1．习惯一：将职业当成信仰

把职业当成信仰，职业便没有高低贵贱，而只有类型之别。可当我们选择职业信仰之外的职业时，就会考虑很多现实问题，甚至故意提高要求。例如，一个很希望去外企而不愿意去民营企业的人，可能在选择民营企业的时候会比那些以民营企业为职业信仰者的要求更高，对待遇、地点等外在因素更看重。因为人们在放弃自己的职业信仰时，本身已经是违背了内心呼唤，有了代价，希望通过外在的条件来企图弥补。职业信仰的树立可以为我们坚定未来的目标，让人生充满外在物质无法填补的内在精神的激荡，成为自己内心深处渴望成为的人才。信仰通道是走向卓越的捷径，而且会快乐地获得成功。

2．习惯二：责任、忠诚、敬业

何谓责任？责任是一个人必须履行的义务，这是一种使命。何谓忠诚？忠诚是把自己的信仰、理想或情感化为全身心的投入，不为诱惑所心动，不为困难所屈服，坚定不移，坚持不懈，这是一个思想灵魂。何谓敬业？敬业是将自己对岗位、对工作的热爱化为奋发而持久的工作激情，为圆满完成任务而调动自己的所有细胞，勤奋拼搏、坚韧不拔、不达目的决不罢休，这是一种精神。拥有责任和忠诚构成的信用以及敬业的精神才会赢得荣誉和别人的尊重，德才兼备的品格才会把你引向成功。责任、忠诚、敬业是成功的前提和基石。因此，每一位中职学生，要想获得成功，就必须在自己现有及未来的工作岗位上忠于职守、勤奋敬业、开拓进取，展现自己的才华、提升自己的能力。

3．习惯三：融入团队，创造卓越

“把一颗钉子和一勺糖分别放入两瓶纯净水中，谁能发挥出更大的作用？”钉子放入水中发挥不了自己的作用，反而会让自己变锈，让水变质；糖溶入水，自己的能量得到充分的体现，纯净水也会变甜。

融入团队，简单来说就是大局意识、协作精神和服务精神的集中体现。团队精神要求有统一的奋斗目标或价值观，而且需要信赖。团队精神的核心是协同合作，最高境界是全体成员的向心力、凝聚力，反映的是个体利益和整体利益的统一。在如今这个专业化分工越来越精细的时代里，单打独斗的个人英雄主义已经无法赢得胜利，企业也不再是由一个个员工组成的松散组织了。一个优秀的企业必然拥有一个优秀的团队，一个优秀的团队也必然要求员工树立强烈的团队协作意识。

4. 习惯四：学会服从

“员工的天职就是服从执行。”这是镌刻在美国一家著名公司培训室中最醒目的警言！

服从——执行是一种奉献，也是一种责任，更是一种品德素质。服从——执行意味着放弃个人的“想法”或“自由”，而一心一意地去执行上级的命令指示，因此说它是一种奉献。服从——执行意味着工作中要遵章守纪、完成工作任务，因此说它也是一种责任。服从——执行并不只是个态度问题，是一种品德素质。只有具有服从——执行品质的人，才会在接受命令之后，充分发挥自己的主观能动性，想方设法完成任务，即使完成不了也能勇于承担责任，而不是找各种借口来推脱责任。

5. 习惯五：自动自发——创造性工作

一个职场新人最宝贵的特质之一，就是自动自发地工作。它是未来成功人士必备的人格特质。自动自发就是没有人要求、强迫你，自觉而且出色地做好自己的工作。有的人只是被动地应付工作，为了工作而工作，不能在工作中投入自己全部的热情和智慧；有的人只是在机械地完成任务，而不是去创造性地、自动自发地、积极地工作。工作是一个包含了诸多智慧、热情、信仰、想象力和创造力的词语。积极主动的人总是在工作中付出双倍甚至更多的智慧、热情、信仰、想象力和创造力，而消极被动的人有的只是逃避、指责和抱怨。

成功取决于态度，取决于自动自发的主动态度。它要求你随时准备把握机会，展现超乎他人要求的工作表现，以及拥有“为了完成任务，必要时不惜打破常规”的智慧和判断力。能否自动自发地工作是一名优秀员工和其他员工的区别，也是企业评判员工是否值得继续培养的标尺。

6. 习惯六：惜时如金、要事当先

自古以来一切有成就的人，都很严肃地对待自己的生命，在他有限的生命里，总要尽量多工作、多学习，不肯虚度年华，不让时间白白浪费。因此，我们要管理好自己的时间，坚决不做毫无价值的事，对有价值的事情不要轻言放弃，做事不能拖拉，集中时间办大事，利用黄金时间办要事，这样就能达到事半功倍的效果。

7. 习惯七：身体、心理、精神

身心健康是事业成功的本钱，是一个人正常学习和工作的根本保障，是一个人纵横职场的先决条件。健康的身体好似楼房的地基，越牢固楼房就能盖得越高。良好的心理素质和生生不息的奋斗精神会保证你胜任工作、走向成功。

总而言之，中职学生应逐步形成以正确的工作态度、忠诚敬业的职业精神为特征的观念习惯；培养以有效的团队合作、自律服从职场纪律为特征的职业素养；掌握以注重效能、自主创新为特征的工作方法；运用以压力调节、身心健康为特征的职场辅助策略。当你养成了良好的职业习惯，就走上了职场的“阳关大道”，再也不用担心自己的表现不被重视，再也无须自责碌碌无为，迎接你的必将是职业常青的美好人生。

二、学会自我管理 养成良好习惯

一名新员工，要融入企业与团队，必须严格执行领导的命令、做好本职工作，那种认为只要不犯错误就是好员工的思想是非常错误的。做好本职工作，认真完成绩效考核，是一个普通员工最起码的职业素养。企业更需要每一位员工以主人翁的精神参与到企业中，这就要求员工必须学会自我培养、自我激励、我管理，养成良好的行为习惯，使企业得到更快的发展。

学会自我管理，中职学生要从心态、心智、形象以及学习 4 个方面来完善自己。“心态”决定成败，是指人对事物发展的反应和理解表现出的不同思想状态和观点。“心智”是指人在成长的过程中受环境、教育、经历的影响而形成的一种思维模式。要善于审视自我心智，从而塑造正确的心理模式。“形象”并不仅仅局限于外貌与穿着，我们更需要加强自我形象、自身修养、举动、谈吐等方面的培养由内而外地形成人格魅力。“学习”能力，则是提升个人能力的一个重要因素。通过不断学习、完善知识结构才能提高职业技能。

许多杰出企业中的员工都能做好自我管理，使他们的团队行动如一，把团队的能量发挥到极限，这样才能带来企业的长久发展。中职学生要在学会自我管理的过程中形成良好的行为习惯，为成为一名优秀的员工打下坚实的基础。

学会自我管理，要不断加强世界观、人生观的改造。只有学会自我约束，思想境界才会高一分，道德水平才会长一分，才会脚踏实地、从点滴做起，做一个有益于社会的人。

实践与训练

30 天行动改善计划

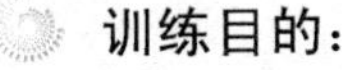

训练目的：

制订一个 30 天的行动改善计划。

训练组织：

你可以在计划的标题下填入30天内必须做到的事情，30天以后再检查一下进度，并再次建立新的目标。

比如，你可以在你的计划中写上以下一些内容。

1．改掉这些习惯

1）不按时完成各种事情；

2）消极性的话语；

3）看电视超过60分钟；

4）无意义的闲聊。

2．养成这些习惯

1）每天早上出门前检查一下自己的仪表；

2）每天的工作都在前一天的晚上计划好；

3）学会赞美别人。

3．用这些方法来增加学习效率

1）尽量发掘自己的工作潜力；

2）进一步学习各方面知识；

3）提出三项改善自我的建议。

4．用这些方法来增进和谐

1）对父母为你做的小事表示更大的谢意，不可像往常一样认为理所当然；

2）每周一次与朋友做有意义的活动；

3）每天固定安排1小时和家人相处在一起。

5．用这些方法来修养性情

1）每周花两个小时阅读自己本专业的杂志；

2）阅读1本励志书籍；

3）结交4个新朋友；

4）每天静静思考30分钟。

训练考核：

改善计划实施30天后由教师考核完成情况。

第四章　培养诚信品质

第一节　认 知 诚 信

阅读材料

华盛顿与樱桃树

华盛顿的父亲是个大种植园的园主，非常喜爱花草树木。他亲手在自家的花园里栽培了几棵樱桃树，每天浇水、松土，爱如珍宝，使樱桃树长得既快又壮。

一天，父亲出去了。华盛顿望着枝叶茂盛的樱桃树，心里想：这几棵樱桃树为什么能长得这样好呢？他想一探究竟，便提了一把斧头，来到树前"咔嚓"一声把樱桃树砍断了，可是什么"宝贝"也没找到，树也砍坏了，父亲回来肯定会打他的。他害怕了。

父亲回来了。他像往常一样，先去看他的樱桃树。望着父亲的脚步，华盛顿紧张得冒出了一身冷汗。果然，大祸临头，父亲拣起被砍断的樱桃树枝恼怒地吼道："这是谁干的？谁干的？真是太坏了！我要扭断他的胳膊。"听到父亲的喊声，全家人都跑出来摇头摆手表示不是自己砍的。华盛顿心想，明明是自己砍的，何必连累别人呢？他咬了一下嘴唇，走到父亲跟前说："爸爸，樱桃树是我砍的！"父亲正要举手打他，华盛顿睁着一双大眼睛望着盛怒的父亲说："爸爸，我告诉你的是事实，绝没有说假话！"听着儿子的申述，父亲的怒容顿时消失了，心想：他认识了自己的错误，而且能诚实勇敢地承认错误，我怎么能打他呢？

他和蔼地对华盛顿说："孩子，你不必害怕，我不会打你的。因为，你这种对错误勇敢承认的态度，比爸爸心爱的樱桃树要珍贵千万倍！"

思考：为什么说诚信是一种优秀品质？

乔治·华盛顿不因害怕父亲的责备而勇于承认自己的错误，这一行为受到了父亲的肯定和表扬，他在今后的人生中始终没有丢弃这一优点，始终像小时候那样勇敢诚实，后来成功领导了美国的独立战争，成为美国的首任总统，受人尊重和爱戴。

名人名言

生命不可能从谎言中开出灿烂的鲜花。

——海涅

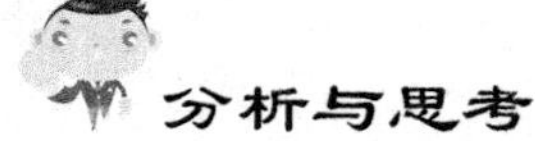

分析与思考

一、什么是诚信

诚信，作为中华民族的一种传统美德和道德规范，具有广泛而深刻的含义。简单地说，“诚信”就是“诚实守信”。“诚”是指诚实无欺、做人诚实、实事求是。“信”是指讲信用、守信义、不虚假。诚信就是要以真心真意的态度来待人接物，坚守信诺、不欺不骗、内心善良、表里如一、言行一致。诚实守信是我们为人处事的基本原则。诚信渗透在我们生活的各个方面，小到为人诚实不说谎话，大到对事业、对祖国的忠诚，都是一种诚信。

对于一个国家、一个社会而言，诚信是立国之本、繁荣之源；对于提升整个社会的道德水平，促进经济的发展、社会的稳定具有重大的意义。加强政务诚信、商务诚信、社会诚信建设是构建社会主义和谐社会的坚实基础和必要保障。政府的诚信，关系到社会的民主法治、公平正义和政治稳定，影响着政府的公信力，决定着社会的建设和发展。一个社会的诚信状况将直接关系到国家和民族的繁荣昌盛。

对于企业而言，诚信是立业之本。作为一项普遍适用的道德规范和行为准则，诚信可以建立行业之间、单位之间以及人与人之间互信、互利的良性互动关系。一个不讲诚信、不守信用的企业，在现代法治社会中不会有长期立足之地，不恪守诚信、不遵守市场规则的企业最终会被淘汰。国家的各项社会事业也只有依靠诚信立业，才能顺利发展。

对于每个社会成员而言，诚信是立身之本、处世之道。人的一生必须不断学习，以获得知识和经验。知识既是个人谋生的技能，也是个人服务社会、建设国家的本领。但是，要做个真正对社会有所贡献的人，不仅要有知识和技能，更要有诚信的品质和高尚的道德。诚信精神就是培养人的高尚道德情操，指引我们正确处理各种关系的重要道德准则。个人以诚立身，就会做到公正无私、不偏不倚。讲究信用，就能守法、受约、取信于人，就能妥善处理人与人、个人与社会的关系。

二、诚信缺失带来的危害

21 世纪的年轻一代肩负着振兴祖国的重任。我们中职学生担负着建设祖国的神圣使命，即将成为企业发展和国家经济腾飞的中坚力量。可是，中职学生中也出现了一些不守诚信的现象：有的同学家庭并不困难，却出具虚假证明申请助学贷款；有的借同学或教师的钱不还；有的平时不努力学习，考试作弊，欺骗教师蒙混过关……

诚信是一个人最基本的道德品质，是每个人正确的道德取向。青少年诚实品质的培养是道德社会化最重要的内容，是否具备诚信品质是衡量一个人道德水平的重要标准，也是我们中职学生未来的职业发展、事业进步的必备品质。

中职学生的诚信缺失所带来的危害主要表现在以下几个方面。

（一）考试作弊，弄虚作假，破坏了学校学习氛围和良好风气

考试作为教学过程中的一个重要环节，是衡量教师教育效果和学生学习效果的一种方式，也是一种本应公平进行的竞争。考试作弊不仅违反了公平竞争的原则，使严肃的考试失去意义，形同虚设，而且会使我们中职学生形成投机取巧、不劳而获的错误价值观念，侵蚀我们的灵魂，扭曲我们的心灵。许多学生平时学习不努力，抄袭作业、考试作弊，不但学不到真才实学，更丧失了自我约束力，失去了诚信的道德品质。

（二）缺乏信用意识，破坏了公平竞争规则

国家为了大力发展职业教育，推出了助学贷款、贫困补助等措施，旨在帮助更多的学生接受职业教育，习得一技之长。但有少数学生隐瞒家庭真实情况，出具虚假贫困证明骗取助学贷款和贫困助学补助，这些不诚信的行为，不仅辜负了国家和政府对学生的关爱和扶持，还占用了本属于真正贫困学生的资源，使他们的求学之路越发艰难。少数学生还出现恶意拖欠学费现象，妨碍了学校的正常财务和管理秩序。

（三）缺乏真诚与信任，导致人际关系冷漠

许多青少年学生沉迷于网络虚拟世界，却忽略了现实生活中与家人、同学和朋友的人际交往；有的偷看他人日记，窥探他人隐私，甚至盗窃他人财物；有的为争当学生干部、入党、推荐就业机会拉关系、走门路，不择手段。人际关系的淡漠，容易使中职学生变得孤僻、冷漠、紧张、不合群、缺乏责任感，甚至有可能引发心理疾病，不利于健康人格的形成，还会给将来更好地融入企业和社会带来困难，不利于职业生涯的发展。

实践与训练

诚信心理测试

测试导语：

诚信是一种可贵的品质，通过以下测试可以考察自己是否具备较高的诚信度。

开始测试：

1）假如说谎能给你带来好处，你会不会说谎？

A．会　　B．不会　　C．看具体情况

2）你在还有一门课补考通过后才能获得毕业证书的情况下，会不会作弊？

A．会　　B．不会　　C．看情况

3）如果你参加的一场重要考试泄题，如果你在考前知道了考题，你会：

A．不理不睬　　B．事先做好，考场照抄

C．向有关教育主管部门反映

4）你参加技术等级考试，在未知成绩的情况下去参加招聘会，某单位看中了你，但要求必须具有职业技术等级，你会：

A．如实相告　　B．支吾过去　　C．编造谎言

5）当你自己犯了错误，老师却冤枉了你的同学，你会：

A．暗自高兴，有人代自己受过　　B．忐忑不安，很想找老师说明情况

C．主动承担责任

6）你阅读报刊杂志上的新闻时事报道吗？

A．从来不看　　B．经常看　　C．偶尔看看

7）你很难原谅严重伤害过你的人吗？

A．很难原谅　　B．可以原谅　　C．可以原谅，但不会忘记这件事

8）你认为自己是一个诚实守信的人吗？

A．是　　B．不是　　C．基本上是

9）一次篮球联赛中，你队以 2 分之差落后于对手。比赛结束前你投中了一个球，裁判员没注意到你的脚踩到了三分线，判给你 3 分，这时你会：

A．举手向裁判示意你踩线了　　B．独自快乐，反正胜利就行

C．忐忑不安，很想找裁判说清楚。

10）在操场上进行运动训练时，你捡到一部新款手机，你会：

A．诚实地将它交给教练员　　B．据为己有

C．内心矛盾，不知道怎么办

11）在无人监考的期末考试中，你遇到了许多不会做的题目，这时你会：

A．看实际情况而定

B．不会做就不会做，绝不偷看别人的，说不定教室里有监控器

C．东张西望，害怕考试不及格

12）在餐厅打饭时，周围人太多，服务员没留意到你是否打过卡，而实际上你并没打卡，这时你会：

A．趁他没发现，一走了之　　B．自觉地打卡

C．等他发现再打不迟

13）诚信、成人、成才是辩证统一的关系，诚信是基础，然后才谈得上探索如何成人与成才，你认为哪句话最能概括三者关系？

A．车无辕不行，人无信不立

B．有德有才者，谓之君子；有德无才者，谓之贤人；有才无德者，谓之小人

C．成在学、思、行，行在诚、实、信

14）你觉得影响贷款同学还贷的最主要的因素是什么？

A．没有强制的还贷措施，有些学生采取能赖就赖的原则

B．家庭确实有困难，所以不能按期还款

C．毕业后收入低，无力偿还贷款

15）在情与法的冲突中，诚信守则要求我们：

A．站在亲情、友情一边　B．站在法律一边　C．保持沉默

16）诚信的品德是高尚的，诚信要求我们在现实生活中应该：

A．无论什么情况下都讲真话

B．把对诚信的理解与具体情境结合起来

C．无论什么事都讲真话，包括隐私

17）在对所在的学校或公司填写个人材料（如档案、履历表）时，你会怎么做？

A．无所谓

B．自己会如实填写，绝对诚信

C．在必要时可适当虚构、不必绝对诚信

18）怎样才能提高学生诚信意识、实现校园诚信呢？

A．主要靠国家、靠社会，大环境好了，校园这个小社会自然也就诚信了

B．学校要严把思想教育关，把“诚信”纳入课堂话题

C．学生自身要不断提高对诚信必要性和意义的认识，维护校园这片净土

19）孔子有句名言：“人无信，不知其可。”当今社会，诚信是做人之本、兴业之基、立国之策，然而，社会上出现了“诚信危机”，最严重的表现为：

A．政治领域里的腐败现象　　B．经济领域里的信用危机

C．教育文化领域里的学术造假现象

20）在教室的课桌里，你（或者和同学）发现了同学落下的手机、MP3、现金等贵重物品，这时你会：

A．将拾到的贵重物品据为己有　　B．在原地等待失主到来

C．为同学隐瞒，装作不知道

评价分值：

	1题	2题	3题	4题	5题	6题	7题	8题	9题	10题
A	0分	0分	1分	2分	0分	0分	0分	2分	2分	2分
B	2分	2分	0分	1分	1分	2分	2分	0分	0分	0分
C	1分	1分	2分	0分	2分	1分	1分	1分	1分	1分
	11题	12题	13题	14题	15题	16题	17题	18题	19题	20题
A	1分	1分	0分	0分	0分	1分	0分	0分	1分	1分
B	2分	2分	1分	1分	1分	2分	1分	1分	2分	2分
C	0分	0分	2分	2分	2分	0分	2分	2分	0分	0分

专家点评：

31～40分：你是一位诚信度很高的人。你有很高的涵养，能充分意识到别人面临的困难，理解他人的难处。请将这种宝贵的品质继续发扬下去，你不仅会赢得别人的尊重，更会取得事业的成功。

21～30分：你的诚信度较高，较有涵养，能够听取别人的意见。拥有诚信品质，会使你拥有更璀璨的人生。

11～20分：你的诚信度不高，也许自己还没有意识到，如果你不改变自己，不仅会失去珍贵的友谊，更会失去美好的前途。

0～10分：你相当缺乏诚信。请记住，诚信是人最宝贵的品质，提高自己的诚信度是你的当务之急。

第二节　诚信助人成功

阅读材料

李嘉诚的故事

李嘉诚早年开设了一家生产塑胶花的工厂。一次，有位欧洲的批发商来塑胶花厂看样品，他对塑胶花赞不绝口："比意大利产的还好！我在香港跑了几家，就数你们的款式齐全，质优美观！" 但他要求李嘉诚提供有实力的担保人。第二天，李嘉诚拿来 9 款样品，每 3 款一组：一组花朵，一组水果，一组草木。批发商的目光落在李嘉诚熬得通红的双眼上，猜想这个年轻人大概通宵未眠。他太满意这些样品了，同时更欣赏这年轻人的办事作风和效率，不到一天时间，就拿出 9 款别具一格的极佳样品。"李先生，这 9 款样品，是我所见到过的最好的一组，我简直挑不出任何毛病。李先生，我们可以谈生意了。"

谈生意，就必须拿出担保人亲笔签字的信誉担保书。李嘉诚只能直率地告诉批发商："承蒙您对本公司样品的厚爱，我和我的设计师，花费的精力和时间总算没有白费。我想您一定知道我的内心想法，我是非常非常希望能与先生做生意。可我又不得不坦诚地告诉您，我实在找不到具有实力的厂商为我担保，十分抱歉。"

"李先生，我这次来香港，就是要寻找诚实可靠的长期合作伙伴。我知道你最担心的是担保人。我坦诚地告诉你，你不必为此事担心，我已经为你找好了一个担保人。"李嘉诚愣住了，哪里有由对方找担保人的道理？批发商微笑道："这个担保人就是你。你的真诚和信用，就是最好的担保。"

思考：恪守诚信能让我们收获什么？

在工作和生活中，我们可能会因为诚信守规丢掉某些我们想要的东西，如金钱、名誉和一些短期利益。但在漫长的人生旅途中失掉一点应有的回报又算得了什么？建立起自己正直诚实的名声，才是一个人长远发展最大的财富和资本。

诚实守信是人类千百年传承下来的优秀品质，在新的时代更应该被我们年轻一代所传承和发扬。诚实守信不仅是我们将来步入职业殿堂的"通行证"，体现着从业人员的道德操守和人格魅力，也是我们从事具体工作的基本准则。在职业活动中，缺失了诚信就会失去他人的信任、失去企业的支持、失去成长和发展的机遇。

名人名言

你必须以诚待人，别人才会以诚相报。

——李嘉诚

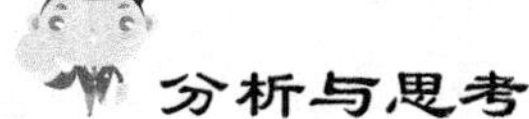

分析与思考

一、诚信是成就事业的基础

诚信是个人成就事业的根基，无诚则无德，无信事难成。对于中职学生而言，缺乏诚信将来就难以立足于社会，更不能奢谈什么事业成功。古往今来无数的故事和事例告诉我们，在我们的学习、工作和生活中，如果失去诚信，不仅毁坏个人声誉，甚至会导致个人事业和前途毁于一旦。只有坚持诚信才是个人的立足之本，才是个人发展和事业成功的根基。在通往人生目标和成就事业的路途上，诚信的品格是我们最宝贵的财富，是对我们人格魅力和人生价值最好的诠释。“言必行，行必果”是中华民族所推崇的优秀品质。对于中职学生而言，诚实守信应当是做人最起码、最基本的品质。

从许多成功人士的创业历程和人生轨迹，我们可以看到，诚信是成就事业的根本。成就事业要以诚信塑造声誉，以诚信拓展商机，以诚信树立形象，以诚信谋求发展；在社会生活中，诚信的品格就像一笔丰厚的储蓄，源源不断地为我们带来回报，不仅给我们带来事业的成功，而且会使我们得到他人的尊重和信任，拥有真诚的朋友。相反，待人不以诚，则丧其德而增人怨。一个人若失去财产，并没有失去全部，若失去了诚信，就失去了一切。所以，一个有理想、有远见之人，都把诚信作为自己立身行事最基本的道德要求。

诚信是做人的最高尚的品质之一。诚信者追求事业有成，也追求一种人格境界，把做人与做事、尊重自己与尊重他人统一起来。虽然我们要追求利益，但不见利忘义；虽然我们要参与竞争，但目的和手段必须光明磊落。诚信的价值不在于它给我们带来了什么眼前利益，重要的是它的长远效应；诚信给我们带来的不仅是物质利益，还有它更高的精神价值。在我们成长的过程中，培养自己完美的品格是我们未来成功的资本，也决定着我们生命的高度。当我们站在心灵的高处，对准人生目标正道直行，终将到达成功的彼岸。

二、诚信是一种社会准则

只有以诚待人，别人才会同样以诚相待。古语说“一诺千金”，无论是在日常生活中，还是在企业经营中，诚信都是最基本的准则。遗憾的是，我们经常可以看到一些人见利忘义，为了追求眼前的利益而置诚信于不顾，如，媒体中曝光的“假货一条街”、“三鹿奶粉”事件、人造蜂蜜、变质猪油……当企业丧失了诚信这一社会基本准则，在给公众和社会造成危害的同时，更制约了企业的发展。“以诚实守信为荣，以见利忘义为耻”是时代赋予我们的要求。青少年也应该努力培养自己的诚信意识，从小事做起，做一个堂堂正正的人。

“诚信”是处理个人与社会、个人与个人之间相互关系的基本道德规范，是社会主义市场经济条件下企业发展的的基本行为保障，同时也是时代赋予我们社会主义事业的建设者和接班人的基本素质要求。以诚立信，才能不辜负党和国家对青年一代的厚望，身体力行，付诸行动，尽心尽力履行好自己的社会责任，建立诚实可信的社会信誉，社会才能给予我们更多的发展机会。

三、诚信是一种道德规范，更是一种法律强制行为

诚信不仅是一种道德的底线，也是市场经济的基础性规范。诚信是一切社会行为的基本规范，是新时代的社会人和职业人基本的素质要求。在我们的社会生活中，每个人每天都要与社会中的其他成员交往，自己的一切活动都不能违背与他人之间的协议与契约，更不能损害社会和他人的合法权益。如果人们不诚实、不守信、不遵守社会活动中的基本诚信规则，不仅人与人之间的一切交往无法进行、一切活动无法开展，甚至整个社会都会陷入无序、混乱的状态之中。中职学生应当大力提倡诚信理念，增强诚信意识，形成诚信风尚，这是我国社会主义市场经济的发展、建立和谐有序的社会的必然要求；应当树立诚实正直、实事求是、“言而有信，无信不立”的观念，自觉抵制“老实人吃亏”、“不说谎话办不成大事”的错误观念，养成表里如一、言行一致的道德品质。

在构建社会诚信体系的背景下，建立规范、科学、操作性强的学生诚信度评价体系是一种必然趋势。诚信不仅是社会道德规范，更是一种法律强制的行为，每一位社会公民都应自觉遵守诚实守信的法律规范的要求。对于中职学生中发生的不诚实、没信誉、不道德的行为，要用法律法规和诚信评价体系制度加以规范和约束，在实践活动中不断强化诚信素质。建立个人发展综合考评制度，把学生的诚实、信用等资质作为其中的重要考核指标。建立信用档案，树立中职学生“珍惜信誉如同珍惜生命”理念。弄虚作假、坑蒙拐骗，也许会使失去诚信的人获得一时的蝇头小利，但违背诚信、损人利己的人不仅要遭受道德和良心的谴责，更要受到法律的制裁。不良的诚信记录会伴随其一生，让违背诚信的人在今后的人生道路上饱尝恶果、举步维艰；真正遵守诚实守信道德规范的人，收获的是他人的信任和社会的尊重；讲求诚信的人会受到法律的保护，走上人生的坦途。

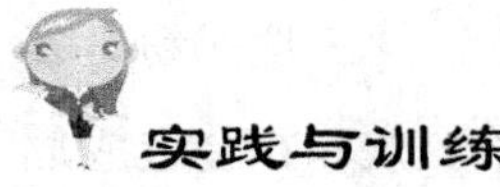

实践与训练

图书漂流活动

训练目的：

图书漂流活动起源于 20 世纪六七十年代的欧洲，喜爱阅读的人将自己读完的书，随意放在公共场所，如公园的长凳上、公共汽车的座椅上……捡获这本书的人可取走阅读，读完再将书籍放回公共场所，将其“漂”出去，传递给另一位爱书人阅读，继续一段“书香漂流”。没有借书证，不需付押金，也没有借阅期限，有幸参与的人在享受阅读乐趣的同时，还感受到了来自于陌生人的信任与尊重。将这种分享活动引入班级和校园，有助于培养学生的诚信品质和阅读兴趣，营造诚信和谐的校园文化氛围。

训练组织：

图书漂流的宗旨是“分享、信任、传播”。

1）自荐或推选一名同学作为活动项目负责人。

2）学生在教师的指导下讨论产生《图书漂流参考书目》，让参与活动的学生在最短的时间内阅读更多经典的优秀书籍。

3）班级全体学生拿出自己现有的书籍资源，参与图书漂流活动，提供书籍的数目不设上限。

4）图书漂流的范围可以不局限于本班级内部，也可在全校范围展开。

训练考核：

1）由图书漂流活动项目负责人记录图书漂流的书籍档案，监督图书漂流情况。

2）定期举行“优秀阅读心得展示”、“阅读分享主题班会”等读书分享活动。

3）表现优异的参与者可以在“诚信档案”中予以加分鼓励。

第三节　言必行　行必果

阅读材料

汽车维修店的故事

一位顾客走进一家汽车维修店，自称是某运输公司的汽车司机。

“在我的账单上多写点零件，我回公司报销后，一定会给你一份丰厚的回扣的。”他对店主说。但店主严厉地拒绝了这样的要求。顾客继续纠缠说："我的生意不算小，而且以后会常来的，你肯定能从我这里赚到很多钱的！"店主告诉他，自己做生意讲的就是诚信，这种事自己无论如何也不会做。顾客气急败坏地嚷道："谁都会这么干的，我看你是太傻了，有钱都不赚。"店主生气了，请那位顾客马上离开自己的汽车维修店，对他说："请你到别的地方谈这种生意去吧，我是不会做这样昧良心的事情的。"这时，顾客露出微笑，并满怀敬佩地握住店主的手，说："我就是那家运输公司的老板。我一直在寻找一个固定的、值得信赖的汽车维修店，希望我们今后能建立长期的合作关系！"

思考：我们该如何恪守诚信？

诚信是处理个人与社会、个人与个人之间相互关系的基础性道德规范，可以说是"人无信不立"，以信待人、以信取人、以信立人是最基本的美德。诚，就是要实事求是，不扩大，不缩小；信，就是要一言九鼎，说到做到。诚信是成就事业的基础、做人的准则，是企业和个人生存和发展的保障和基础。诚信的重要性是不言而喻的。如果一个企业、一个人，说话不算数，不守信义，必然会失去他人和社会的信任。

作为一名中职学生，应当做到诚实无欺，不自欺也不欺人；对自己、对他人都要真心实意、光明磊落；要信守承诺、说到做到、取信于人；与人交往要言而有信，不能为了私利而失信、言行不一、口是心非。

诚者，乃做人之本，人无信，不知其可。

——孔子

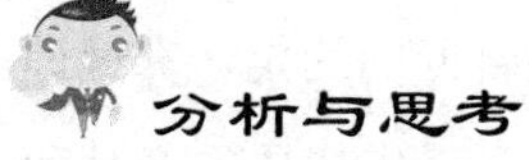

一、做诚信学生

诚实守信既是中华民族的传统美德，也是中职学生的道德责任，更是一种崇高的人格力量。在构建和谐社会的时代背景下，诚信是我们立足社会、成就事业的基本保障。今天我们是职业学校的学生，明天我们将是担负祖国经济建设和民族腾飞神圣使命的中流砥柱。我们要树立"以诚实守信为荣、以见利忘义为耻"的社会主义荣辱观，做一名讲诚信、知荣辱、知行合一的优秀中职学生。

对于学生而言，诚信就是考试不作弊，不抄袭、不篡改成绩单；诚信就是爱护环境、不破坏公物；诚信就是不偷盗、不赌博；诚信就是做网络的文明使者；诚信就是言行一致，不伪装、不虚假。

（一）诚信待人

努力做到待人真诚、为人坦荡，不因追求自己的私利而损害他人和集体的利益。在日常学习与生活中，真实地面对别人，才能收获友谊。真诚地对待他人，我们会感受到真诚和谐的人际关系给我们带来的温馨和愉悦。

（二）诚信学习

热爱学习，端正学习态度，自觉遵守考试规则，实事求是，追求真理，不说谎话，考试不作弊，作业不抄袭，为营造诚信和谐的校园环境贡献一份自己的力量。在实习、求职、就业的过程中要实事求是，把人格和事业建立在诚信的基础上。

（三）弘扬诚信正义

树立与不良风气作斗争的信心和勇气，敢于揭发和制止不诚信的行为。要互相督促、互相警策、制止作弊、弘扬正气，用严谨求实的学风维护知识的尊严，用诚信品德回报辛勤教育我们的教师和学校。

（四）争做诚信楷模

严于律己，从细节做起，用实际行动做诚信的实践者。不失信于人，养成守时、守约的良好行为习惯，做遵守诚信守时的人；培养自己爱学校、爱企业、爱国家的责任感，做关心集体、关爱他人、讲求诚信、表里如一的人。

二、做诚信员工

诚信经营的企业，在内部管理中严格执行劳动法的规定和履行劳动合同的约定，真诚地对待员工，相信和依靠员工；诚信经营的企业，诚信地对待顾客，为顾客提供优质的产品和服务，尊重顾客的利益和需要。因此，诚信经营的企业不仅会有良好的社会形象，还会有较强的市场竞争能力。企业员工的诚信度直接关系到一个企业的生存和发展，许多企业都将诚信作为考查一个人是否具有良好品质和职业素质的重要内容。在企业中做一名诚信员工是我们职业发展的必然要求。

（一）忠诚于企业

忠诚是一个人的立身之本，也是个人生存和发展的重要能力。一个人只有在团队中才能发挥自己的优势，通过实现团队的目标来体现自己个人的价值。忠诚于企业的员工，会自觉将企业的兴衰和自我的发展联系在一起，愿意用自己的能力和才华为企业的发展贡献自己的力量。诚信经营的企业中的员工不仅能为自己取得发展机会和物质回报，更能通过企业为自己提供的职业发展平台实现自己的职业理想和人生价值。一名优秀的企业员工要关心企业发展，自觉维护企业信誉，在企业中安心工作，不频繁跳槽，为企业保守机密。

（二）取信于同事

在职场中，“七分做人，三分做事”，良好的人际关系是我们顺利开展工作的保障。抛弃虚伪、以诚相待、以信为荣的人际关系，才是最和谐、最美好的。没有和团队的精诚合作，孤军奋战，在现代职场中会让我们举步维艰，很难成功。在企业中，无论是与人相处，还是开展工作，都要实事求是、坚持原则、信守承诺，与同事平等竞争，不弄虚作假，不营私舞弊。

（三）正确看待利益

在对待利益的问题上，我们要善于处理自我利益与他人利益、眼前利益与长远利益的关系；要坚持诚信的品质，不受眼前利益的诱惑，坚持自己的原则。如果我们把个人利益看得高于一切，就会迷失自我，变成一个自私自利、目光短浅的人；如果我们将个人利益与企业、社会的利益统一起来，不仅能取得个人事业的成功，也能为企业的发展和社会的进步作出更大的贡献。

三、做诚信公民

诚信是公民的基本素质要求。做人，首先是要诚实。诚实守信，是为人处事的基本准则，也是中华民族的传统美德。在社会主义市场经济条件下，人们道德意识和道德观念的多样性，不同层次社会成员道德水准的差异性，特别是受利益驱使，尔虞我诈、弄虚作假等问题，表明坚持以诚信为本在加强公民道德建设中显得尤为重要。

是否诚实守信，不仅反映了一个人的思想品质和道德觉悟，反映了一个团体的信用程度，更重要的是它影响到一个人的前途和发展。一个表里不一、言而无信的人，可能蒙混乃至得势一时，但决不会长久，到头来还是让虚伪害了自己。不讲信誉的人是没有前途的人，不讲信誉的民族是堕落的民族，不讲信誉的社会是混乱的社会，不讲信誉的国家是没有希望的国家。诚信原则，不仅体现了加强公民道德建设的本质要求，更是公民道德的的重要组成部分。

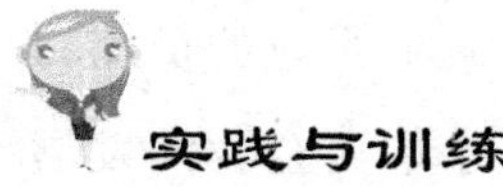

实践与训练

中职生诚信档案

训练目的：

以班级为单位，为每位同学建立诚信档案，记录每位同学的诚信表现，对每位同学讲诚信的言行予以加分，对不讲诚信的言行给予减分，并记录不诚信行为带来的后果。每月进行评分，并确立信用等级指数，将诚信等级载入学生的考核标准，使学生的道德测评同诚信密切联系起来，促使学生积极行动，弘扬正气。

训练组织：

学生签订一份“诚实守信承诺书”，一式三份，学生、家长、学校各执一份，每学期考评，学生毕业时将个人的“诚信档案”和“诚实守信承诺书”放入个人档案中。同时，可以实行“诚信”的一票否决制，一名学生即使其他方面都有优秀的表现，但诚信缺失，就取消其评优资格，取消其评定奖学金和推荐就业机会等。定期进行学生讨论和教师点评，以此培养学生的诚信品质，提高道德水平。

训练考核：

学生诚信评价量化考核表

姓　名		班　级		相片
民　族		政治面貌		
出生日期		职　务		
家庭住址及联系电话				
学习诚信评价40%	扣分原因		扣　分	基础分
	抄袭作业			100分
	考试作弊			共扣分
	上课迟到或早退			
	实训作业让他人完成			得　分
	其他			
经济诚信评价20%	扣分原因		扣　分	基础分
	学费、住宿费、书费未按时交纳			100分
	助学贷款不按时还款、还息			共扣分
	其他借款借物到期不还			
	弄虚作假骗取贫困生补助			得　分
	其他			

（续）

	扣分原因	扣　分	基　础　分
生活诚信评价20%	隐瞒健康情况或出具假健康证明		100分
	使用违禁电器及危险品		共　扣　分
	学生干部不尽职，学生不参加集体活动，不履行义务		
	在教室的课桌椅及墙壁上乱写乱刻		
	吸烟喝酒		
	浏览非法或不健康网站		其　他
	其他		
择业诚信评价20%	扣分原因	扣　分	基　础　分
	自荐书内容不属实		100分
	就业合同不履约		共　扣　分
	择业中的不正当竞争行为		
	其他		得　分
总　分		等　级	
备　注			

第四章 培养诚信品质

第五章 塑造敬业形象

第一节 感悟敬业

阅读材料

敬业者的心境

一位心理学家正在进行一项研究，他来到一个建筑工地，对现场正在忙碌的敲石工人进行访问。

心理学家问他遇到的第一位工人："请问您在做什么？"

工人没好气地回答："我在做什么，你没看到吗？我正在用这个重得要命的铁锤，来敲碎这些该死的石头。而这些石头又特别的硬，害得我的手酸痛不已，这真不是人干的工作。"

心理学家又找到第二位工人："请问您在做什么？"

第二位工人无奈地答道："为了每天50元的工资，我才会做这件工作，要不是为了一家人的温饱，谁愿意干这份敲石头的粗活？"

心理学家问第三位工人："请问您在做什么？"

第三位工人眼光中闪烁着喜悦的神采："我正参与兴建这座雄伟的高楼大厦。落成之后，这里可以容纳许多人居住和工作。虽然敲石头的工作并不轻松，但每当想到我的劳动使我们的城市又增添了一座美丽的建筑，心中就会激动不已，也就不感到劳累了。"

思考：为什么敲石工人在相同的环境里做相同的工作，内心的感受却不相同？

当我们用不同的工作态度对待工作时，工作带给我们的收获也会不同。如果抱着将工作看成是一种劳苦和束缚的心态工作，工作就会成为负担和枷锁；如果怀着愉悦的心情快乐地工作，工作就会成为一种享受，除了能享受工作带来的劳动报酬和物质回报之外，还能享受到工作带来的精神满足和奉献的快乐。敬业首先要乐业。当我们钟情于自己的工作时，就会矢志不渝、执著追求，工作的意义就会升华。

名人名言

不能爱哪行才干哪行，要干哪行爱哪行。

——丘吉尔

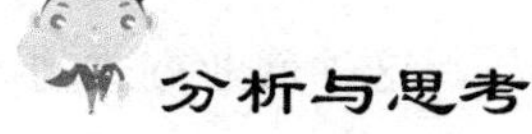

分析与思考

一、爱岗与敬业

（一）爱岗敬业的定义

爱岗就是热爱自己的工作岗位，热爱本职工作。爱岗是企业和社会对每一位工作者的工作态度的普遍要求。热爱本职，就是工作者以正确的态度对待各种职业劳动，努力培养自己对所从事工作的幸福感和荣誉感。一个人，一旦爱上了自己的职业，就会全身心地融合于工作中，就能在平凡的岗位上创造出不平凡的业绩。

每个岗位都承担着一定的社会职能，是从业人员在社会分工中所获得的一个岗位角色。工作岗位对我们而言不仅意味着生活的经济来源和谋生手段，还意味着一个社会承认的正式身份和与之伴随的社会责任。作为中职学生，在我们择业和就业的过程中，要从社会需要的角度出发，努力培养自己的工作兴趣，热爱本职工作。不仅要热爱工作条件好、待遇高、专业性强、工作环境轻松舒适的工作，对于那些工作环境艰苦、繁重劳累或是工作地点偏僻、工作单调、技术性低、重复性大的工作，也要抱着“干一行爱一行”的态度，去适应不同岗位的要求。热爱艰苦的岗位并在这些岗位上认真工作的人具有高尚的品德，更能赢得社会和他人的尊重。

敬业就是用一种严肃的态度对待自己的工作，勤勤恳恳、兢兢业业，忠于职守。整个社会就像一台复杂的机器，其中的任何一个环节，哪怕是一个小小的螺丝钉出现了问题，都会影响整台机器的运转。如果我们在自己的工作岗位上不能做到尽职尽责、忠于职守，不仅会影响企业的生存和发展，还会给国家和社会带来严重的损失，甚至还会影响国家在国际社会中的地位。

爱岗与敬业的精神是相互联系的。爱岗是敬业的基础，敬业是爱岗的具体表现。不爱岗就很难做到敬业，不敬业就不能说是真正的爱岗。我们只有做到爱岗才能敬业，敬业才能将工作做到最好，才能激发对岗位无限的热爱之情，两者相辅相成、互相促进。只有做到爱岗敬业，才能激发出我们无穷的工作动力，才能产生克服困难的勇气与力量。

职业是一个人赖以生存和发展的基础和保障。一个工作岗位的存在，往往也是人类社会

存在和发展的需要。爱岗敬业不仅是个人生存和发展的需要，也是社会存在和发展的需要，这就要求我们每一个人都要具备爱岗敬业的工作态度，去实现自我价值、为社会的发展奉献自己的光和热。

（二）爱岗敬业就是干一行爱一行

在我国市场经济条件下，实行求职者与用人单位双向选择的就业方式，这种就业方式的优势在于，能使更多的人从事自己感兴趣的工作，用人单位也能挑选出适合企业需求的人才。双向选择的就业方式为更好地发挥人的劳动积极性创造了条件，有助于培养和激发劳动者爱岗敬业的职业道德。

首先，爱岗敬业、热爱本职，并不是排斥我们职业的全面发展、要求我们终身从事一个职业。干一行爱一行的真正含义是：我们在做好本职工作的同时，不断增长知识和才干，努力成为本行业的多面手和专家。我们要根据企业和社会的需要，并结合自己的个人专业、特长、兴趣和爱好进行正确的职业定位，充分发挥自己的积极性和创造性。提高自身的就业竞争意识，自觉遵守忠于职守、爱岗敬业的职业道德规范。

其次，求职者是否具有爱岗敬业的精神，是用人单位挑选人才的一项非常重要的标准。企业更倾向于录用那些具有爱岗敬业精神的人，因为，热爱自己所从事的工作是一个人专心致志地做好本职工作的前提。只从个人兴趣出发、见异思迁、“干一行，厌一行”的人，不可能受到企业的青睐。在现实生活中，能够找到自己理想职业的人毕竟是少数，对于多数人而言，必须面对现实去从事企业和社会所需要的工作。在这种情况下，如果没有“干一行，爱一行”的敬业精神，我们很难出色完成本职工作，个人的职业生涯发展也将受到阻碍。

二、乐业才能敬业

我们应当像热爱生命一样去热爱自己的工作，不论我们从事什么岗位的工作，也不论职务高低，只有爱岗才能从工作中体味到乐趣和满足，才会有工作的幸福感和成功感。是否喜欢自己所从事的工作，在工作中的表现会有巨大的差别。对自己从事的工作感到满意的人，能以积极的心态对待工作，即使遇到困难和挫折也会主动寻求出现问题的原因，然后找出改进的措施；而对自己从事的工作不满意的人，总是抱怨工作中的各种不如意。具有消极的心态的人，持敷衍的态度工作，必然无法取得工作的进展和事业的成功。

我们要做一个心态积极的工作者，用乐业的心去发现工作给我们带来的美妙和无穷的乐趣，用敬业的心去发掘内心蕴藏着的无限活力和巨大创造力。我们对自己的工作越热爱、决心越大，工作就越快乐，工作效率就越高。当我们以热情的态度去面对自己的工作时，工作就不再是一件苦差事，而是一件充满价值和乐趣的事。快乐地工作不仅会给我们带来成就感和满足感，还会为我们创造更多从事自己所热爱工作的机会，为自己未来的职业发展带来新的机遇。

乐业是敬业的基础，敬业是生存的需要，只有敬业乐业的人，才能为自己的生存和发展创造出必需的物质财富和精神财富，才能拥有生活的不竭源泉，才能找到生存的真谛。敬业乐业能使我们的生活更有乐趣、生存更有意义，促使我们为企业、为社会贡献更大的力量，为自己创造出生命更高的价值。

实践与训练

测测你的敬业程度

测试导语：

敬业是一种认真负责、一丝不苟的工作态度。在市场竞争日益激烈的今天，只有关心企业、忠诚于企业的员工才能拥有一个施展个人才华、发展职业生涯的平台。作为准职业人的你是否具有敬业精神呢？以下问卷将测试出学生的敬业程度，让学生以企业员工的身份进行自我评价。

开始测试：

1）决不随意动用企业财物。

A．不同意　　B．部分同意　　C．同意

2）在规定的午休时间内，准时返回工作场所。

A．不同意　　B．部分同意　　C．同意

3）发现有人违反企业的规章制度，立即向领导反映。

A．不同意　　B．部分同意　　C．同意

4）严格保守企业秘密。

A．不同意　　B．部分同意　　C．同意

5）工作时间，不擅自离开工作岗位。

A．不同意　　B．部分同意　　C．同意

6）在任何情况下都不做有损企业声誉的事情。

A．不同意　　B．部分同意　　C．同意

7）经常积极主动地提出关于企业管理和发展方面的合理化建议。

A．不同意　　B．部分同意　　C．同意

8）不向与企业存在竞争关系的对手透露企业的商业秘密。

A．不同意　　B．部分同意　　C．同意

9）关注自身和周围同事们的健康。

A．不同意　　B．部分同意　　C．同意

10）愿意接受更繁重的工作和更重大的任务。

A．不同意　　B．部分同意　　C．同意

11）即使辞职了也不做有损于企业声誉的事情。

A．不同意　　B．部分同意　　C．同意

12）安心本职工作，不频繁跳槽。

A．不同意　　B．部分同意　　C．同意

13）不对外谈论企业的事务，不发表对企业不利的言论。

A．不同意　　B．部分同意　　C．同意

14）积极主动地工作，特别是在关乎企业形象和商业利益的场合。

A．不同意　　B．部分同意　　C．同意

15）企业利益高于个人利益。

A．不同意　　B．部分同意　　C．同意

16）在未能实现工作计划安排的情况下，自愿加班直到完成工作。

A．不同意　　B．部分同意　　C．同意

17）不在工作场所发表消极的言论和做出消极的行为。

A．不同意　　B．部分同意　　C．同意

18）利用业余时间收集和研究与所在行业和企业相关的信息。

A．不同意　　B．部分同意　　C．同意

19）支持和购买本企业所生产的产品或服务，并向周围的朋友宣传和推荐。

A．不同意　　B．部分同意　　C．同意

20）争取得到家人对自己工作和事业的支持。

A．不同意　　B．部分同意　　C．同意

21）和周围的同事建立良好的人际关系，以创造和谐的工作氛围。

A．不同意　　B．部分同意　　C．同意

22）为了提高工作绩效，要做到劳逸结合。

A．不同意　　B．部分同意　　C．同意

23）在工作时间内，绝对不喝烈性酒。

A．不同意　　　　B．部分同意　　　　C．同意

专家点评：

6 题以上选择“不同意”：敬业程度低下；

3～5 题选择“不同意”：敬业程度中等；

1～2 题选择“不同意”：敬业程度优秀。

如果没有一题选择不同意，恭喜你具有卓越的敬业精神，请继续保持这种对事业的积极态度。

第二节　敬业成就事业

阅读材料

感动中国人物——孔祥瑞的故事

1972 年，孔祥瑞初中毕业后到天津港码头当了工人。他放弃了多次学习深造的机会，始终坚持在实践中学习，把工作岗位当成课堂，把生产实践作为教材，把设备故障视为课题，把身边怀有一技之长的工友当做老师，努力攻克了一个又一个技术难关。

2001 年，他主持创新“门机主令器星形操作法”，使门机每一次作业可节省时间 15.8 秒，当年就创造效益 1600 万元；2003 年，他主持的“门座式起重机中心集电器”技术革新项目，被授予国家级实用型发明专利。

一名仅有初中学历的普通工人，却享有“蓝领专家”的美誉。34 年的工作历程中，在自己平凡的岗位上，一位蓝领工人创造了 150 多项科技成果，为企业创造效益 8400 多万元。孔祥瑞在为企业创造经济效益的同时，也使他所在部门的机械设备使用和管理跨入同行业全国领先、世界一流的水平，这就是一个普通劳动者的成就。

思考：孔祥瑞为什么能够成就自己的事业？

高度的敬业和努力钻研、开拓进取的精神是孔祥瑞成就自己事业的基石。具备了这些精神，就没有克服不了的困难和不可能完成的任务。无论什么时代，劳动者都是社会的中流砥柱、社会进步的推动者，那些不仅贡献出汗水，还贡献出智慧的劳动者更值得人们尊

重！在尊重知识、劳动创造价值的时代，爱岗敬业、勇于开拓创新的工人更加有所作为！

当今社会，人们越来越注重“自我价值”的实现，而一个人自身价值的体现，并不在于拥有多高的职位、多少头衔，而是看是否能做到忠于职守、勤恳工作，是否为他人、为企业、为社会尽职尽责。敬业精神并不是要求每一个人去成就惊天动地的丰功伟业，在平凡的工作岗位上努力工作也是一种成功。

敬业，就是立足现实、成就非凡。敬业精神，是一种职业道德，更是一种事业心和责任感。

名人名言

使事业成为喜悦，使喜悦成为事业。

——罗素

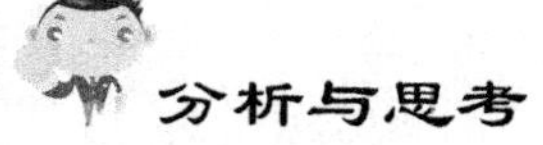

分析与思考

一、敬业是一种核心职业能力

敬业是一种职业态度，也是职业道德的体现。敬业精神的强弱取决于一个人的职业态度。一般来说，人的智力差别不大，工作绩效的高低往往取决于我们对待工作的态度。现代企业选用人才的首要标准就是：必须具备敬业精神。具有敬业精神的员工的工作目标不仅仅是将工作当成一项任务，而是用敬业的态度把普通的工作当成一种事业和使命，全身心投入，为企业的发展奉献自己的力量。敬业精神是一个职业人必须具备的职业道德，这种职业道德是人们从事任何行业、任何工作的行为准则，是成功者不可或缺的重要品质。

在激烈的市场竞争中，员工的敬业态度决定了企业的生存和发展。忠于职守、爱岗敬业的员工，能为企业制造出高品质的产品，为顾客提供优质的服务。将敬业意识深植于自己脑海的员工，会用积极主动、愉悦的心态来面对工作，从而为企业的发展创造更多的价值，同时也能为员工自身事业的成功获取更多的经验和机遇。

每一个蓬勃发展的企业里，一定拥有一批兢兢业业、埋头苦干的员工。作为中职学校毕业的学生，我们没有较高的学历，也缺乏丰富的工作经验，我们凭借什么才能立足企业、发展自我呢？虽然我们还不具备一流的能力，但只要我们具备爱岗敬业、求真务实的精神，同样可以赢得企业的信任和尊重。敬业精神可以让我们从平凡走向优秀、从优秀走向卓越，敬业精神是我们未来职业发展的一种职业能力，是我们不断超越自我、取得事业成功的核心竞争力。

二、珍惜工作岗位是敬业精神的体现

只有珍惜工作的人，才会拥有工作的机会；只有珍惜工作的人，才会发自内心、积极主动地工作；只有珍惜工作的人，才会敬业爱岗；只有珍惜工作的人，才会全力以赴，把工作做到最好。

（一）全心全意热爱本职工作

敬业的前提条件是对本职工作的热爱。如果我们不热爱自己的本职工作，对工作没有饱满的热情，不可能真正做到爱岗敬业。当我们在做自己喜欢做的工作时，很少感到疲倦，因为做自己喜欢的工作会让我们享受到工作的快乐。相反，如果我们对自己所从事的工作很厌烦，随之产生的职业倦怠会使我们意志消沉、工作效率低下。

是否热爱自己的本职工作，取决于我们是否具有尽心尽力、积极进取的良好职业态度。无论从事何种职业，我们都应当竭尽全力、积极进取，尽自己最大的努力提升工作技能，不断进步，把爱岗敬业的精神作为一种职业习惯，融入到我们工作的每一个细节中，不断发展和完善自我“干一行爱一行，爱一行钻一行”的意识，精益求精，尽职尽责，创造美好的工作前景。

（二）加倍珍惜工作机会

在激烈的人力市场竞争中，中职学生要想获得职业发展的机遇，就要加倍珍惜来之不易的工作机会，循序渐进，从基层做起。如果我们今天工作不努力，明天就要努力找工作。面对就业竞争的压力，我们要根据自己的能力水平进行合理的职业定位，不能好高骛远、眼高手低，只有珍惜自己的工作和岗位，用智慧和辛勤的劳动证明自己的才干，工作才能稳定，事业才能发展。

珍惜自己的工作是一种责任、一种承诺、一种义务、一种精神。只有用真诚的心去工作，才能做到热爱自己的职业、尊重自己所从事的工作，才能精通业务、不被企业所淘汰。百倍地珍惜工作，不在乎别人的不理解甚至负面的评价，积极主动，兢兢业业，我们的劳动和付出一定能得到他人的尊重、企业的认可和社会的承认。

三、爱岗敬业使人出类拔萃

无论从事什么行业，只有全心全意、尽职尽责地工作，才能在自己工作的领域里出类拔萃，这既是敬业精神的直接表现，也是社会和企业对每个从业人员的基本要求。

真正热爱工作的人，将工作看做一项神圣的天职，对工作怀着浓厚深切的兴趣。如果我们对工作满怀热忱，竭尽全力，就能超越平庸的工作，成就完美的事业。哪怕是最平常的工作，只要注入了我们的心血与热忱，都可以使它成为一项快乐而高尚的职业。工作不仅仅是谋生的手段，更是我们服务社会、奉献他人的神圣使命，是使我们的生命充满意义的伟大事业。

中职学生在职业生涯初期就应当树立正确的职业道德观念，抱着敬畏的态度对待工作，即使是辛苦枯燥的工作，也要一丝不苟、有始有终地完成，要立足本职，体味平凡岗位工作的乐趣，使每一天的工作都充满意义。

四、勤奋敬业才能成就事业

敬业精神是成就事业的前提和基础，有了敬业精神，才能有立业之志、立业之能。敬业精神会化苦为乐、化复杂为简单、化踌躇为果断，敬业精神会让我们产生无穷的毅力和决心，成为我们实现职业理想的强大支撑力。

一个人的成才与成功，外部因素固然重要，但更重要的是自身的勤奋与努力。勤业才能敬业，勤奋工作能激发我们内在的激情，能使我们增长才能、增进智慧，是创立最佳工作业绩的有力保障。

在个人职业生涯发展道路上，敬业精神直接决定着我们未来事业发展的高度。只有认识和领会了勤奋敬业的内涵，才能不断提升自我、追求卓越。作为员工，只有干一行、爱一行、精一行，才能更好地适应企业发展的要求，才能发挥自我效能、提高工作效率、获得事业的成功。

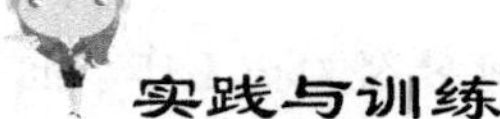

劳动模范故事分享会

训练目的：

1）通过分享各个时代劳动模范的先进事迹和感人故事，帮助学生树立正确的人生观和具有时代特征的核心职业道德观念，以劳动模范自强不息、顽强拼搏的崇高品格激励和影响学生树立爱岗敬业的优秀品质。

2）通过“劳动模范故事分享会”主题活动项目的实施，培养学生收集、处理和整合信息的能力，提高学生的团队协作和口头表达能力。

训练组织：

1）提前一周宣布《劳动模范故事分享会》活动安排。

2）将全班同学按 10 人左右规模分为若干个小组，选出小组负责人。小组成员分工负责收集资料、制作 PPT 幻灯片、讲故事等各个环节的工作。

3）每位小组成员首先在组内共享资料、分享成果，选派一名最优秀的代表参加全班的故事分享活动。

4）评选出幻灯片制作得最好和故事讲得最精彩感人的小组进行奖励。

5）班级每位成员写出参与劳动模范故事分享会的心得体会，张贴在班级宣传栏进行交流。

训练考核：

1）鼓励班级的每位成员参与活动，对表现优异者予以加分鼓励。

2）为在幻灯片制作和讲故事环节中表现优秀的同学颁发奖状予以鼓励。

第三节　传承敬业精神

阅读材料

“工人教授”——窦铁成的事迹

从一名只有初中文化的农村青年，成长为为企业创造上千万元效益的电力专家，中国中铁一局电力技师窦铁成用他 29 年的不懈努力，实现了人生的跨越。

从初中文化程度的普通工人成长为“工人教授”，窦铁成用他朴素的人生经历，演绎了当代工人的不凡历程！他一直默默无闻地工作在施工生产第一线，从一名只有初中文化程度的普通工人，成长为电力工高级技师，在平凡的岗位上做出了不平凡的业绩。他在近 30 年的工作生涯中，先后提出施工设计变更 6 次，解决技术难题 52 项，排除送电运行故障 300 余次，负责安装的 38 个铁路、公路变配电所，全部一次性验收通过，一次性送电成功，并全部被评为优质工程。为企业创造和节约价值 1380 万元。

在高度流动分散、工作生活异常艰苦的环境中，窦铁成坚守“一个人可以没有文凭，但不能没有知识和技能”的信念，以只争朝夕的精神和坚忍不拔的毅力，坚持走自学成才、岗位成才之路，几十年如一日，克服常人难以想象的困难，坚持在工作中学习，在学习中工作，认真学习和掌握从事本职工作所需要的新知识和新技能，实现了由实干型向知识型、技能型工人的跨越。窦铁成刻苦自学了《高等数学》、《电工学》、《电磁学》、《电子技术》、《电机学》、《钣金工艺》、《钳工技术》、《机械制图》等书籍，其中有一些还是大学的教材，记下了 60 余本、百万余字的工作学习日记。

窦铁成对工作有一种执著的追求，他坚持以“一点也不能差，差一点都不行”的工作态度和“恪尽职守、精益求精”的职业操守，严格执行工作标准和技术规范，创造了一项又一项优质工程。

窦铁成热爱学习、善于学习，而且接受新知识、新事物较快。他不仅能够熟练使用计算机，而且学会 CAD 制图等计算机应用技术，成为电务公司工人中用计算机设计绘制电力图纸的第一人。电务公司的职工们都愿意与他一起学习和工作，还亲切地称他为“专家”、“教授”。

思考：窦铁成的事迹体现了什么精神？

恪尽职守、精益求精的敬业精神，是职业人做好本职工作所应具备的起码的职业素质和道德修养。窦铁成在工作中表现出来的敬业精神正是他孜孜以求、不懈努力的原动力。敬业的人敬重自己的工作，把工作当成自己的事情；敬业的人以忠于职守、尽职尽责、一丝不苟、全心全意、善始善终的态度对待自己的工作。敬业就是一种对工作、对社会的使命感和责任感。敬业精神是一种最基本的做人之道，也是成就事业的重要条件。对于被誉为“工人教授”的窦铁成而言，他的敬业精神，体现在他敬重自己所从事的平凡工作，深入钻研探讨，力求精益求精，将普通平凡的工作做到极致，这就是一种敬业精神。

名人名言

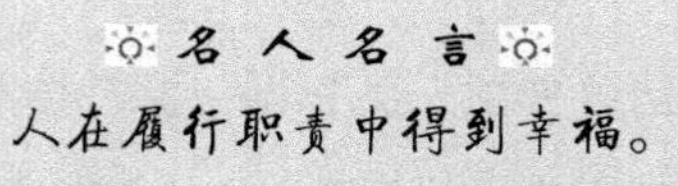

人在履行职责中得到幸福。

——罗佐夫

分析与思考

一、努力做到爱岗敬业

随着社会经济的不断发展，市场竞争越来越激烈，企业作为市场竞争的主体，面临着空前的挑战和压力，社会的发展呼唤敬业精神，企业的改革和发展需要敬业精神。作为未来企业的主人，我们应当培养、激发自己的爱岗意识，增强敬业精神，用满腔的激情和热忱去迎接明天的挑战。

（一）将工作当成使命

敬业是一种能力、一种精神，更是一种优秀的品质。敬业精神是职业素养的首要内涵，是职业道德的核心内容。敬业精神源于我们对工作的热爱，对家庭、对社会的责任。我们的国家正处在社会主义建设初期阶段，国家的发展和民族的振兴，要依靠我们这一代年轻人来实现，我们要将国家繁荣富强作为自己的责任。工作是我们的神圣使命，是家庭幸福、社会发展的源泉，用一颗真诚的心去对待工作，才能真正感悟工作的价值和生命的意义。

（二）做好本职工作

我们既要树立远大的职业理想，又要根据自身条件进行合理的职业定位。社会主义职业道德所提倡的职业理想是以为人民服务为核心，以集体主义为原则。每个职业人都要热爱本职工作，将自己的职业兴趣与国家需要和企业需求结合起来，把国家需要作为自己的志愿，将企业需求作为努力的方向，在工作实践中逐步培养职业兴趣和职业能力。选择职业要结合社会环境和自身条件，“三百六十行，行行出状元”，即使所从事的职业不理想，也应当争取在自己的本职岗位上有所作为，平凡的岗位同样可以成就辉煌的事业。

（三）爱岗敬业就要乐于奉献

奉献精神是敬业精神的升华，是为社会、为企业、为他人发一分光，奉献一份力量。爱岗敬业的职业道德要求企业员工，在个人利益和企业利益发生冲突的时候，为工作的需要作出一定的个人牺牲：有时需要放弃休息和与家人团聚的机会，坚守工作岗位；有时需要独在异乡开展工作，忍受无法与亲人朋友共聚的寂寞，独自承担工作的压力，为企业的发展默默地付出；有时需要克服职业倦怠，用满腔的激情和吃苦耐劳的精神，在自己的工作岗位上孜孜以求、执着拼搏。个人的一份付出产生的力量可能非常渺小，但聚集了众人的合力就能释放出巨大的能量。我们要用对工作的激情和乐于奉献的敬业精神，影响和感染周围的人，共同提高工作绩效，增强企业的凝聚力和战斗力。

（四）爱岗敬业就要积极进取

作为中职学生，明天事业的成功源于今天刻苦努力的学习，需要掌握扎实的专业知识和职业技能。古人说：“青春不如耕，何以自结束。”要想胜任企业不断提高的对人才的要求，只有抓住时间，在有限的青春岁月里勤奋求学、积极进取，才能为未来的职业发展打下坚实的基础。

在职业生涯发展的过程中，要抱着坚持不懈、终身学习的理念，逐步成才。中职学生毕业后到企业工作，并不意味着学习生涯的结束，而是另一种学习形式的开始。爱岗敬业不仅要努力做好本职工作，还要不断思索如何提升自己的职业能力，不断掌握新技术、新工艺，把工作做得更好。要勤于思考，改进工作方法，提高工作绩效，努力成为企业的业务骨干和技术尖兵，为企业创造更多的效益。

二、培养爱岗敬业的职业态度

敬业精神是一种良好的职业态度、一种高尚的品格、一种行为习惯的集中表现。追求完

美、精益求精的敬业态度是我们通往职业巅峰成就的台阶，敬业的职业习惯是我们最为宝贵的财富。职业习惯并非与生俱来，需要我们通过不断地培育和锻炼，时常自我警醒，找出自己的差距和不足，逐渐使自己的行为习惯职业化。从简单的小事和细节做起，将良好的职业态度和职业习惯根植于我们的意识里。

良好的职业习惯会对我们的思维方式和行为方式产生潜移默化的影响，将简单、正确的职业习惯坚持下去就能产生巨大的力量，使我们变得更优秀，工作表现更出色，获得更多新的知识、能力、经验和快乐。养成敬业的习惯，会让我们受益终身。

实践与训练

校园技能文化节

训练目的：

校园技能文化节是展示职业学校学生精神风貌、技术技能和职业素养的舞台。通过校园技能文化节的活动，营造学知识、比技能、勤奋敬业的校园文化和学习氛围，使学生在技能比拼中自我检验、提升职业能力，促进学生习得过硬促进学生的专业素质，最终满足企业的需求，成为合格的职业人。

训练组织：

第一阶段：宣传动员

1）校园技能文化节开幕式，动员全校师生参与校园技能文化节的活动。

2）进行技能竞赛和文化素养比赛等多个项目的热身赛。

3）竞赛活动项目安排参考如下所列。

技能竞赛项目：①钳工、模具、数控机床等机械加工技能竞赛；②电工、电子技能竞赛；③软件、动漫、计算机基础等技能竞赛。

文体素质比赛项目：①百科知识趣味比赛；②英语演讲比赛；③校园歌咏比赛；④环保设计比赛；⑤篮球联赛、趣味运动会等体育比赛。

第二阶段：正式启动

1）校园文化节期间，邀请企业专家到校进行行业发展、企业管理、最新行业技术、就业创业等方面的专题讲座。

2）进行各个项目的正式比赛、技能竞技项目，邀请企业专家到校担任评委，参照企业

和行业标准进行评比。

第三阶段：总结表彰

评选出各个项目的技术状元和技术能手予以表彰奖励。

第六章　增强责任意识

第一节　责任是一种精神力量

阅读材料

生命不息　责任不止

这是一个真实的故事：大连市公交公司702路422号双层巴士司机黄志全，在运送乘客途中，心脏病突然发作，极度痛苦，公交车随时面临着失控的危险，在生命的最后一分钟里，他做了三件事：

——把车缓缓地停在马路边，并用生命的最后一丝力气拉下了手动刹车闸；

——把车门打开，让乘客安全地下了车；

——把发动机关掉，确保了车和乘客、行人的安全。

他做完了这三件事，安详地趴在方向盘上停止了呼吸。

思考：什么是责任？

这位司机在生命垂危的最后一刻还能清醒地意识到自己的责任，并勇敢地扛起它。他在生命即将终结的时候，用自己的行动向人们诠释了这种敢于担当的责任心。人的工作可以很平凡，但再平凡的工作也不能缺少责任。任何时候，只要能勇敢的担负起责任，我们所做的事情就是有价值的，无论对于自己、对于他人、还是对于社会都是问心无愧的，就会得到的尊重和敬意。

☆“责任”是对他人的一种担当。

☆“责任”是一个人、一个国家、一个社会发展的动力。

☆“责任”是建立一切优秀品质的基石。

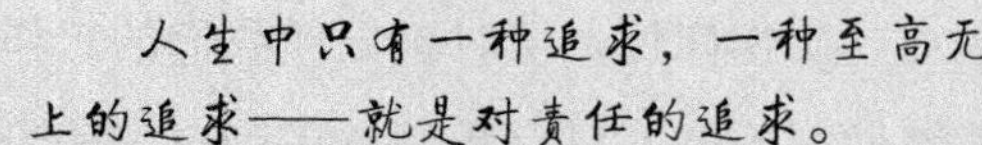

名 人 名 言

人生中只有一种追求，一种至高无上的追求——就是对责任的追求。

——科尔顿

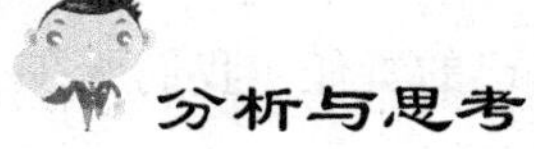

一、责任意识

（一）责任是一种使命

责任意识即人们对自己的角色职责的自我意识及自觉程度，它包含两层含义：一方面，人们的行为必须对自己、他人和社会负责任；另一方面，人们对自己的行为必须承担相应的责任。人的一生要经历不同的人生阶段，要充当许多不同的角色：在家庭中，我们可能会扮演子女、兄弟姐妹、配偶、父母等角色；在求学阶段，我们会扮演学生、同学等角色；在社会中，我们会扮演公民、社会人角色；在职场中，我们又会扮演工作者、领导者、退休者等角色。每一个角色都意味着不同的责任，人生就是角色，角色意味着责任。

（二）情感是责任心的基础

责任心与人生观、价值观、道德、理想、集体主义、爱国主义紧密相联。如果人们的价值取向是以奉献为乐，那么就会有很强的责任心，反之，则对人对事会漠然置之。责任心以情感为基础。一个对父母没有情感的子女，不可能对家庭承担责任；一个对企业不热爱、对组织不认同的员工，不可能为企业的发展作出自己的贡献；一个对社会、对祖国、对人民没有情感的人，在外强入侵、祖国受难之时不可能挺身而出、舍生忘死、为国捐躯。责任心靠意志来维持，又反映在行动之中。责任的承担，离不开坚强意志和毅力的支撑，只有在克服困难、抵制各种诱惑等过程中，才能反映一个人的责任感。责任心的强弱能够通过行为来体现。为家人做一顿饭，洗一次衣服；认真完成自己的学业；做好自己的本职工作；为需要帮助的人义务献血；应征入伍保卫祖国……这些都是责任心的体现。

（三）工作意味着责任

中职学生要想有所作为，就要树立在工作中实现自我价值的观念。对于刚毕业初次涉入职场的学生来说，首先是要做好自己的第一份工作。一个人处境的改变、理想的实现、事业的成功，不在于他所从事的工作是平凡还是伟大，而在于他将平凡的本职工作做得怎么样。

假如一个人非常热爱工作，那他的生活就是快乐的，假如一个人非常讨厌工作，他的生活一定是痛苦的。人们对工作的态度决定了对人生的态度，对自己人生负责任的人才可能在工作中勇敢地担负起责任。

认清工作责任是完成工作的基础。只有当我们知道了自己能够做什么时，才能将事情做得更好。正如卡耐基所说："认清自己能做些什么，就已经完成了一半的责任。"

面对我们的职业、工作岗位，请时刻记住我们的工作和责任，工作意味着责任。把工作当成一种责任才能够做得更好。只有我们意识到自己的责任，承担起自己的责任，我们所在的企业才有可能变得更加强大，我们的人生才会有更精彩的展示平台。一个缺乏责任感的人，是什么都做不好的。

二、中职学生责任缺失现状

为什么现在的许多中职学生缺少责任意识？不懂得尽自己的责任？不懂得责任的重要性？看似简单的"责任"二字，是我们无价的珍宝。责任意识的缺失会让我们远离成功，甚至会成为生活和事业的失败者。

因为父母的过分溺爱、社会公民责任意识的淡化，有些青少年因娇生惯养、养尊处优，缺乏家庭和社会责任感，甘当家庭的"啃老族"、社会的"寄生虫"。

（一）职业责任认识模糊

无论我们从事什么职业，只要承担一份工作，就有了一份责任。参军入伍，平时就要苦练基本功，提高实战能力，战时就要冲锋在前、英勇杀敌，而不能因为怕流血牺牲当逃兵；选择了医生这个职业，就要救死扶伤、善待病患者，而不能在疫情袭来时临阵脱逃；哪怕是一名普通的保洁员，也要把自己负责的区域清扫得干干净净，否则会为他人带来卫生隐患……

中职学生在从一名学生到企业员工的角色转变过程中，存在着责任意识上的不足。调查数据显示：应届毕业生在用人单位的稳定率只有10%左右，大部毕业生在企业工作一段时间后很快流失了，频频悔约跳槽，暴露出中职毕业生的责任意识淡薄甚至严重缺失的现状。

（二）集体责任观念淡化

许多中职学生毕业成为企业员工以后，缺乏企业认同感和归属感，以自我为中心、个人为主体，注重个人发展，协作观念、服务和奉献意识不足，对他人、对社会比较冷漠，自私自利，不积极参与集体活动。他们对企业、对国家和社会的索取大于贡献，缺乏乐于奉献、吃苦耐劳的精神，缺少对他人、对企业、对集体的关爱，更没有与企业共命运、共存亡的集体责任观念。

（三）工作责任意识低下

工作责任意识低下的主要表现是许多员工无法分清"做工"和"工作"。

1. 做工——把工作做完

仅仅将工作当成任务做完，是不成熟、不负责的表现。一个成熟而负责的人，对自己的言行负责，能把握自己的行为，做自我的主宰。越成熟的人，越能承担责任和义务，越受企业的欢迎和重用。

2．工作——把事情做好

对于从事任何一个岗位的员工，工作都意味着责任。没有责任感的员工不可能成为优秀的员工。把简单的工作做到极致就是一种责任，也是一种对他人、对企业、对社会负责任的体现。

两种不同工作责任意识，会将这两种抱不同心态的人的职业生涯引向不同的路径：前者的失败注定发生；后者的成功迟早会到来。

实践与训练

测试你的责任心

测试导语：

良好的责任心是每个人必备的优秀品质。没有良好的责任意识，人们在职业发展的过程中就会在各种各样的诱惑面前不能自持、放弃做人的原则和底线，甚至会在逆境中一蹶不振。通过以下测试帮助学生自测责任心。

开始测试：

用“是”或“否”回答下列问题。

1）与人约会，你通常会提前出门以保证自己能准时赴约吗？

2）当你发现自己脚下有纸屑你会拾起扔进垃圾桶吗？

3）你会把零用钱储蓄起来吗？

4）发现朋友违规，你会举报吗？

5）当外出的你找不到垃圾桶时，会把垃圾带回家吗？

6）你会坚持运动以保持健康吗？

7）你忌吃“垃圾食物”、脂肪性过高和其他有害健康的食物吗？

8）你永远将正事列为优先，完成后再进行其他休闲活动吗？

9）当在你玩得正兴起时，母亲请你帮忙去买酱油，你会放弃玩耍吗？

10）收到别人的信，你总会在一两天内回信吗？

11）“既然决定做一件事情，那么就要把它做好。”你相信这句话吗？

12）与人相约，你从来不会耽误，即使自己生病时也不例外吗？

13）没有警察时，你会遵守交通规则吗？

14）你经常拖延交作业吗？

15）你经常帮忙做家务吗？

16）你会认真写好每一个字吗？

17）每天出门前，你有照镜子的习惯吗？

18）当你做作业到深夜还未完成时，你会继续努力直至完成吗？

评价分值：

回答“是”得1分，回答“否”不得分，累计得分。

分数为13～18：你是个非常有责任感的人。你行事谨慎、懂礼貌、为人可靠，并且相当诚实。

分数为 9～12：大多数情况下你都很有责任感，只是偶尔有些率性而为、没有考虑得很周到。

分数为4～8：你的责任感有所欠缺，这将会使你难以得到大家的充分信任。

分数为0～3：你是个完全不负责任的人。有些朋友的父母可能会对你有成见，竭力劝自己的儿女少跟你来往。你一次又一次地逃避责任，将会造成你的每个工作都干不长久，手上的钱也总是不够用。

专家点评：

一个缺乏责任感的人，或者一个不负责任的人，首先失去的是社会、企业、他人的基本认可，如果失去了别人的信任与尊重，他们也就失去了自身的立命之本——信誉和尊严。

敢于承担责任，才会被他人尊重。从现在开始努力培养自己的责任感，因为它是培养一切优秀品质、付诸一切美好行为的基石，也是我们职业生涯发展中最重要的能力。

第二节　责任是事业的基石

阅读材料

城砖的故事

南京明城墙是我国保存较为完整的古城墙之一，也是世界上现存最大的古代砖城。它之所以能经历几百年的沧桑岁月屹立不倒，与建造城墙所用砖块的质量有着密切的关系。据记载，该城墙所用砖块都是由长江中下游附近150多个府（州）、县烧制的。砖的侧面刻着铭文，除时间、府、县外，还有4个人的姓名，分别是监造官、烧窑匠、制砖人、提调官（运输官）。

砖块烧制完毕后，要经过严格的检验，由检验官指挥两名士兵抱砖相击，如铿锵有声、清脆悦耳而不破碎，属于合格；如相击断裂，责令重新烧制。正因为责任如此明确，才保证了城砖质量上乘，以至南京明城墙历经600多年的风雨，至今仍巍然屹立。

思考：为什么要在烧制城砖的时候刻上参与制造者的名字？

在烧制城砖时刻上参与制造者姓名的用意，就是职责分明、责任到人。参与人员的名字都刻在砖上，清清楚楚、一目了然，一旦出现问题，谁也逃脱不了责任。无论监造官、提调官，还是烧窑匠、制砖人，哪个环节出了问题，一样要被追究。这就使得参与人员不敢有丝毫懈怠，每个人都尽职尽责地努力工作。

作为初涉职场的新人，我们在企业里工作，首先应该清楚自己应该做些什么。一个人只有做好了分内的工作，才算是一个合格的员工。如果连自己的本职工作都做不好，怎么能承担更重要的工作和责任呢？学会认清岗位责任，是为了更好地承担起自己应负的责任。只有当我们知道了自己能够做什么时，才能将事情做得更好。

名人名言

责任具有至高无上的价值，它是一种伟大的品格，在所有价值中它处于最高的位置。

——爱默生

一、认清自己的岗位责任

学会承担责任是每一位职业人入职的第一课，是否具有良好的责任意识直接影响着我们对待工作的态度和职业生涯的发展，因此，我们一定要将承担责任这一课在入职之初就学好、用好，让它成为我们的一种职业能力和职业习惯。

在学校里，我们常常会看到这样的场景。

如果有一位同学迟到了，老师问他为什么会迟到，他十有八九会说：

“因为交通堵塞了，所以迟到了！”

“因为公交车人太多挤不上去，所以迟到了！”

“因为天气不好，所以迟到了！”

“因为……”

但很少有人这样说：“对不起，这是我的错！”

但是，当我们进入企业成为一名员工，我们的角色已经从学生转化成为职业人，如果连这样的小过错都没有勇气承担，怎么会有承担更大责任的勇气和能力呢？企业又怎么会愿意将更重要的工作交我们呢？因此，作为职业学校的学生，适应角色变化、学会承担责任是我们必修的一课。

对于刚刚毕业走上工作岗位的新员工来说，学会负责和承担工作责任，是职业生涯开始的第一步。在进入职场的初期，我们首先要认真熟悉自己的工作环境和岗位职责，使自己对要承担的工作责任有一个全面的认识和了解，并有针对性地学习相应岗位所必备的业务知识和操作技能。通过具体的岗位实践，提高业务素质和实际工作能力，承担工作责任和适应工作要求。

许多企业在新员工入职初期的考核监督，就是对员工在工作中承担责任的表现作出审核和鉴定。作为新员工，一定要充分认识学会承担责任的重要性，除了要认真学习业务知识、努力提高业务技能，更重要的是学会承担责任。要熟悉自己的工作岗位责任，明确自己的工作范围。对自己工作责任内的任何事情，要主动承担，不要只是消极地等待领导来安排工作。事事都等待领导来安排的员工，最终只会被淘汰。认清自己的责任，就是尽量避免推卸责任的言行，充分发挥自己的专业优势，展现出一个负责任的自我，为今后的工作和未来更长远的发展打下良好的基础。

二、责任伴随机遇

很多人嘴边总挂着一句话：“我的机会在哪里？”其实，做好本职工作，敢于担当自己工作中相应的责任，机会就无处不在。“机会”总是和“责任”结伴同行，当机会出现在我们面前的时候，可能有以下3种情况：①缺乏抓住机会的能力，眼睁睁地看着很多机会从身边溜走，除了慨叹“别人的机会那么多，我却没有机会”之外，什么也做不了；②机会来到了我们面前，自己却没有作好准备，甚至“缺席”——机会来了，自己却不在；③没有意识到责任就是机会，见到责任就逃避，结果也丢掉了机会。

承担责任，是一种付出、一种奉献，甚至可能是一种牺牲。但这种付出总会有回报，如果我们为社会、为企业创造了价值，我们就为自己创造了机会。社会和企业总会把机会给予能够创造价值的人，因为这样的人更懂得利用这些机会去创造更多新的价值。具有责任感的员工总能主动把握属于自己的机会。在现实工作中，做得越多的人，总是成长越快；相反，凡事斤斤计较、推卸责任的人，常常止步不前。

古人云："水本无华，相荡而成涟漪；石本无火，相击而发灵光。"所以，在企业中，我们要努力为自己搭建展示平台、拓宽活动范围、营造交流环境，用智慧替你说话，让激情沟通感情，用付出赢得精彩，使自己成为新人中的佼佼者。要有"初生牛犊不怕虎"的精神，要有敢于尝试、不怕失败、不怕"丢人"的闯劲，对你的工作，不要说"我不敢、我不行、我不能、我不会"，要说"我一定尽力、我一定努力完成"。如果我们第一次拒绝承担，就不可能有第二次机会，机会对于每个人来说都是瞬息万变、稍纵即逝的，所以一定要抓住每一次机会。问问自己，是否因为没有勇气去承担责任而错失了许多大好机会？

实践与训练

小游戏：培养责任心

训练目的：

面对错误时，大多数情况：没人承认自己犯了错误；少数情况：有人知道自己错了，但没有勇气承认，因为克服心理障碍需要勇气；极少数情况：有人站出来承认自己错了。这个游戏让参与者明白任何个人都是团队中的成员，个人出错也就是整体出错。在集体出错的时候，作为个人应该做的是承担自己的责任，而不是躲避和推卸责任。本次游戏的目的是培养学生勇于承担责任的品质和团队合作精神。

训练组织：

游戏一：

游戏第一步，参加的全体同学，按要求在两分钟之内平均分成两队。每队由同学自告奋勇产生男女队长各一名，组织团队进行比赛（队长不参加比赛。）

队长宣誓，回答教师提出的三个问题："有没有信心战胜对手"、"如果失败，敢不敢于面对队员的指责"、"如果失败，愿不愿意承担由此所带来的一切责任"。

教师宣布比赛规则：

1）全队同学进行报数，速度越快越好；

2）分别进行 8 轮比赛，每轮比赛间隔休息 3 分钟、2 分钟（2 次）、1.5 分钟（2 次）、1 分钟（2 次）。

3）每轮比赛均进行奖惩。输者，由队长率领队员向对方表示诚服，并对对方队员说："愿赌服输，恭喜你们！"并由男女队长做俯卧撑 10 次，如果以后再输，俯卧撑的次数将会成倍递增。赢了的队伍，全体哈哈大笑，以示胜利。

4）将每轮比赛的结果记录下来。

游戏结束，教师引导同学讨论：

1）每个人在团队中扮演什么了角色？为什么队长要为队员所犯的错误承担责任？

2）谈谈责任心对我们的职业和人生的影响。

游戏二：

同学们间隔一臂距离站成数排（视班级情况而定，不过于分散为宜），主持人喊口令：喊一时向右转；喊二时向左转；喊三时向后转；喊四时下蹲再起立；喊五时不动。当有人做错要走出队列，站在大家面前先鞠一躬，并举起右手高声说："对不起，我错了。"

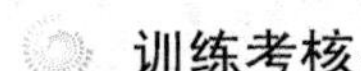

训练考核：

教师根据每组成员的表现给于评价与指导。

第三节　敢担当才有大发展

阅读材料

谁摔碎了古董

陈佳和张明同在一家速递公司，是工作上的搭档，由于他们工作一直都很认真努力，老板对他们的表现很满意，准备从他们两人当中提升一名经理。张明精明能干，办事灵活，深得老板的赏识，老板在心中已经暗暗决定了经理一职的人选。然而，一件事改变了两个人的命运。一次，陈佳和张明负责把一件大件包裹送到码头。这个邮件很贵重，是一个古董，老板反复叮嘱他们要小心。到了码头，陈佳把邮件递给张明，张明却没接住，邮包掉在了地上，古董被摔碎了。

老板对他俩进行了严厉的批评。"老板，这不是我的错，是陈佳不小心弄坏的。"张明趁着陈佳不注意，偷偷来到老板办公室对老板说。老板平静地说："谢谢你张明，我知道了。"随后，老板把陈佳叫到了办公室。"陈佳，到底怎么回事？"陈佳将事情的原委告诉了老板，"这件事情是我们的失职，我愿意承担责任。"

陈佳和张明一直等待处理的结果。过了几天，老板将他们两人叫到了办公室，说："其实，古董的主人已经看见了你们在码头递接古董时的现场情况，他跟我说了他看见的事实。

还有，我也看到了问题出现后你们两个人的反应。我决定，陈佳，留下继续工作并升职为经理，用你的工作来弥补公司的损失。至于张明，明天你不用来上班了。”

思考：为什么张明会被解雇？

千方不要试图用各种方法来掩饰自己的过错，从而忘却自己应承担的责任；也不要以为借机把问题引到其他人身上，就可以减轻自己对责任的承担。我们应当勇于承认自己的失误并承担起失误责任，把失误所产生的损失降到最低点。在工作过程中由于经验、能力、环境等因素，错误是难以避免的，我们要有勇气去面对和改正错误。

名人名言

高尚，伟大的代价就是责任。

——丘吉尔

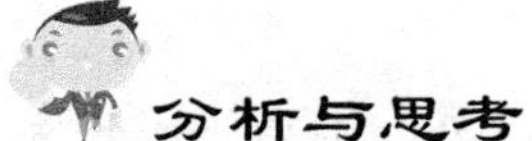

分析与思考

一、让承担责任成为一种职业习惯

一个企业要生存和发展，就要求有一批将承担责任作为一种职业习惯的员工作为支撑。这些员工有一个共同的特点：具有很强的责任心。正是这种责任心，促使企业不断发展和壮大。责任心是一种十分重要的职业素质，负责任是一种习惯行为，它来自于人的潜意识，而并非一时的心血来潮。这种道德责任感在当今社会受到更多企业的重视，因而成为一个人成就事业的坚实基础和必要条件。

许多人对于承认错误和担负责任怀有恐惧感。因为承认错误、担负责任往往会与接受惩罚相联系。人们通常愿意对那些产生良好结果的事情负责，却不情愿对那些出了偏差的事情负责任。当我们成功步入企业成为一名新员工，就不得不学会承担责任，将自己的心态调整到最佳状态，尽快了解、掌握各种自己所从事工作的岗位职能、职责和企业的各项规章制度，尽快适应企业的规范要求，尽职尽责，努力工作。

在企业中，一名优秀的、负责任的员工都具有以下一些共同特点。

（一）在工作中保持高度热情和愿意付出额外努力

努力克服职业倦怠，保持高度的工作热情，是我们职业发展的原动力。负责任的员工懂得“一分付出，一分回报”的道理，将团队的利益和企业的发展放在第一位，甚至愿意付出额外的时间和努力，加班加点完成自己的工作。

（二）自愿做一些本不属于自己职责范围内的工作

负责任的人从不会把“分内之事”和“分外之事”分得那么清楚，领导安排的工作，即使是分外之事，也会主动承担起来。多承担一些工作意味着更多的历练和机遇。

（三）助人与合作

在企业中，上司、同事是我们同舟共济的伙伴，每个人的发展都不是孤立的，只有敢于承担责任的人，才能够得到他人的信任和帮助，在与他人的互助与合作中发展自我、实现价值。

（四）遵守企业的规则和制度

企业是个人生存和发展的平台，而企业的制度和规则是企业运行的保障，有责任心的员工往往是严格遵守企业制度和规范的好员工。

（五）赞同、支持和维护组织的目标

优秀的企业具有很强的向心力，有责任心的员工首先要热爱自己的企业，具有主人翁意识，将个人发展和企业发展结合在一起，将企业的发展目标作为个人努力和前进的方向。

简而言之，承担责任的职业习惯是一种自然的行为。优秀的员工很少迟到或缺勤，愿意努力工作甚至超时工作，力争达到更高的目标和要求。把承担责任作为职业习惯的员工，是企业发展的中流砥柱，是企业持续发展的原动力。中职学生要努力培养自己的责任意识，将责任心作为一种职业习惯和必备素质，在未来的职业发展过程中，一定会有最好的回报——得到重用和尊重。

二、培养责任意识

（一）培养责任意识的目标

（1）对自己负责　培养自尊、自信、自律、自主、自强的意识。

（2）对他人负责　尊重与接纳他人，富有爱心和团队合作精神。

（3）对企业负责　有主人翁意识，主动参与企业发展与决策的各项活动，为企业发展尽职尽责。

（4）对家庭负责　尊老爱幼，感恩父母，为家庭分忧，营造温馨和谐的家庭氛围。

（5）对社会和国家负责　树立远大理想，立志报效祖国。树立“国家兴亡，我的责任”的观念，积极参与公益活动，保护自然，爱护环境，节约资源，奉献社会。

（二）“多加一盎司”的努力

做好自己本职工作，是称职的员工。但是，要想成为优秀员工，就要在自己的工作中永不满足，不断要求自己做得更好，使自己的工作表现再“多加一盎司”：

绘制的图纸更精确一些；

加工的零件更精准一些；

每个批次的产品少一个不合格零件；

专业知识再精通一些；

上班更早一些，下班更晚一些；

承担再多一些，借口再少一些；

……

请你常常自省：我已经尽力工作了吗？或许我还有再加一盎司的空间？我是否能将工作做得更出色？

三、勇于承担责任

“这样做我不知道”、“我不清楚这是怎么回事”、“是他让我这样做的”、“我本来要这样，都是他的主意” ……作为企业员工应该避免经常把这样的话挂在嘴边。工作一旦出现问题，我们的第一反应不应该是指责别人的错误、推卸自己的责任。

对于职场新人，我们可能会对承认错误和担负责任怀有恐惧感。因为承认错误、担负责任往往会与接受惩罚相联系。只有不负责任的人在出现问题时，才会首先把问题归罪于外界或者他人、寻找各式各样的理由和借口来为自己开脱。但在企业管理者看来，无理的借口并不能掩盖已经出现的问题，也不会减轻要承担的责任。当问题出现的时候，我们勇敢承担才是负责任的表现。没有谁能做得尽善尽美，但是，能够勇于承担责任的员工会获得更多的赏识和机遇。能够勇于承担责任的员工是企业真正的财富。推诿责任或者找借口，是没有责任感的表现。

“人非圣贤，孰能无过？”每个人都有可能失败和犯错，责任向来都是与机会携手而行，不承担责任就不可能获得机会，责任越大机会就越多。在工作中，我们要做一个勇于承担责任、主动为自己设定工作目标并不断改进方式和方法、犯了错误能够勇于承认的员工，要有勇气去承担过失，不逃避、不推诿，从错误和失败中吸取教训，促进自我的成长和进步。作为企业员工，承担责任的好习惯是一种必备的职业素养。

实践与训练

学生自我管理活动

训练目的：

1）充分发挥学生个体的能动性，培养学生自我管理能力；

2）使学生逐步从“他律”向“自律”转化；

3）达成学生“自我管理、自我教育、自我提高”的培养目标。

训练组织：

首先在全校所有班级中择优选出试点班级。试点成功，可在全校所有班级展开推广。

1）每班选出两名总督查员，负责“班级学生自我管理评分表”的评分人员安排和评分标准解释。各班成立督查小组（即评分员），每组5人，每人负责一项评分；

班级学生自我管理评分表

班级：　　　　负责人：　　　　日期：　　　　班主任签字：

考评内容	出勤（20分）			仪容仪表（20分）			守归（25分）							清洁卫生（20分）			学习（15分）	集体活动好人好事	得分
评分标准（重点项目）	1．迟到、早退一次扣2分 2．病、事假一次扣1分 3．其他			1．未佩戴校卡扣2分 2．言行举止不合规范扣2分 3．仪容仪表不合规范扣2分 4．其他			1．未按时就寝一次扣1分 2．有重大违纪行为（受学保科处分）一次扣5分 3．被老师、教官点名批评一次扣2分 4．其他							1．未做清洁一次扣5分 2．清洁未达到标一次扣2分 3．其他			1．未交作业一次扣2分 2．其他	1．积极参加集体活动一次加2分 2．校级通报表扬一次加5分；老师点名表扬一次加2分 3．其他	
项目／姓名	早自习	晚自习	上课	校卡	言行举止	仪容仪表	其他	吸烟酗酒	打架斗殴	训练纪律	宿舍纪律	夜不归宿	其他违纪	教室卫生	包干区卫生	寝室卫生			

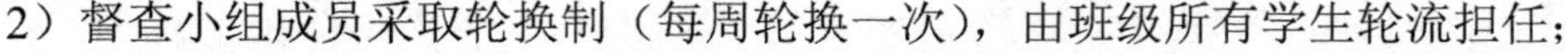

2）督查小组成员采取轮换制（每周轮换一次），由班级所有学生轮流担任；

3）总督查员每天了解评分情况并及时反馈给班主任，由班主任处理班级中出现的不良情况；

4）每周的“班级学生自我管理评分表”必须由班主任签字，以便班主任及时掌握本周班级的基本情况；

5）每周日由学生会生活部收集汇总“班级学生自我管理评分表”并进行结果分析；

6）每周一召开总督查员例会，总结一周学生自我管理情况；

7）年度表彰“学生自我管理”优秀集体。

训练考核：

根据企业对员工专业核心能力的要求，班级学生自我管理从以下5项对每一位学生进行评分。

1）出勤：根据学生在早自习、课堂、晚自习、集体活动的出勤和表现情况评分，使学生养成“守时、守纪”的好习惯，对于出现迟到、早退、旷课等违纪的学生扣除相应的分值。

2）仪容仪表：根据学生校卡佩戴、言行举止、发型着装等情况进行评分。

3）遵守校规：根据学生吸烟酗酒、打架斗殴、违反课堂（宿舍）纪律等违纪现象进行督察评分。培养学生良好的行为习惯，创造和谐校园环境。

4）清洁卫生：根据每班学生对本班教室、包干区的清洁卫生打扫、保持等情况进行评分，创造洁净优美的校园环境。

5）学习、集体活动：根据学生完成作业、参加集体活动、做好事等情况进行评分，促进学生全面的发展，增强学生的学习热情、集体荣誉感和奉献精神。

第七章 强化法纪观念

第一节 走近法纪

阅读材料

师生对话

在校园里，我们听到过类似这样的对话——

师生对话一：

学生："真郁闷，我累死累活地工作了一个月，老板没发给我工资就跑了。"

"在企业工作就是看人脸色，老板看你不顺眼就开除你。我们劳动真的没有保障吗？"

老师："当然不是，你们的权益是有法律保障的。请好好学习《中华人民共和国劳动法》。"

师生对话二：

学生："老师，听说我们顶岗实习时单位给的薪水很低，上网都成问题，不如我们晚上去抢银行吧!"

老师："同学，你可能不知道吧，根据《中华人民共和国银行法》和《中华人民共和国金融法》有关规定，银行里面晚上根本不存放现金，因为银行营业结束当天的所有资金必须统一按时存入金库。你去抢什么呢？而且抢劫银行是要判死刑的!"

师生对话三：

学生："法律就是管我们的。它限制了我们的自由，搞得我们这也不能做那也不能做。"

老师："是的，这是法律的管理功能。但是法律在管理我们的同时也保护着我们的人身、财产安全，保护着我们的合法权益。任何领域都没有绝对的自由。法律在某种程度上给予了我们自由，而不是束缚。"

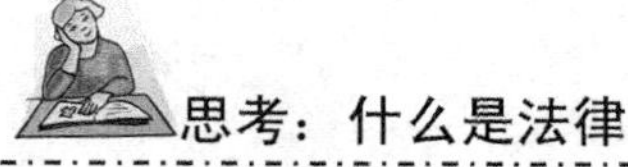

思考：什么是法律？

法律，即人类在社会层次的规则，社会上人与人之间关系的规范。正义是法律存在的基础，国家的强制力是法律实施的手段。法治和法律是社会和谐的保障。法律决定于经济基础，并为经济基础服务。法律存在的目的是维护社会秩序、保障社会的正常运行。

名人名言

法律的基本原则是：为人诚实，不损害他人，给予每个人应得的部分。

——查士丁尼

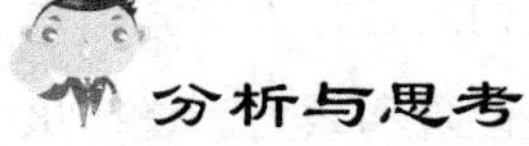

分析与思考

一、法律的定义

法律是人与人在社会中生存所产生的公共规则。法律具有强制性。它是人与人之间平等权利的体现平台。法律知识为我们踏入社会提供了生存指南。

法律具有规范人们行为的作用。法律通过其规定和实施，能够为人们提供一种既定的行为模式，从而引导人们在法律范围内活动，影响人们的思想，引导人们依法行事，培养和提高人们的法律意识。无论是在家庭、学校生活中，还是在社会活动中，法律都和我们息息相关。

《宪法》是我国的根本大法；《民法通则》是我们民事活动的依据；《刑法》规定什么样的行为是犯罪，应该如何处罚……法律是我们行为的准绳和依据。正因为法律的普遍性，我们在生活中处处都要与法律打交道。中职学生要遵守法律法规，维护自身合法权益，做合格的公民。我们要自觉学习法律基本知识，用法律规范作为行动的指南。

二、法律与其他社会规范

（一）法律与道德

道德是生活于一定物质条件的人们以善与恶、正义与非正义、光荣与耻辱、公正与偏私等标准来评价人们的言行，并靠人们的内心信念、传统习惯和社会舆论维持的规范、原则和意识的总称。法律与道德的关系问题是法学理论的一个永恒话题。二者有内在的必然联系，又有明显的区别。了解这个问题，有助于我们更好地理解法律的概念。

法律与道德的相同之处是：①它们都是人们的社会行为规范。②它们的内容是互相渗透的。在社会上占统治地位的道德要求常常明文规定在法律里。例如，我国宪法第 24 条明确规定了作为社会主义道德基本内容的“五爱”以及社会公德的要求。在宪法的其他条款和一系列法律中，也直接规定或隐含了道德的要求。③二者建立在同一经济基础上并随着经济基础的发展变化而发展变化。在经济基础基本不变而经济体制有了变化、生产力有了很大发展的情况下，法律和道德也会随之发生变化。例如，我国实行社会主义市场经济体制后，宪法作了修改，法律、法规正在进行大量的立、改、废，道德要求也发生了变化。④二者的目标

是一致的。它们追求的都是社会秩序安定、人际关系和谐、生产力发展、人们生活幸福。

法律与道德的区别是：①产生的社会条件不同。道德与人类社会的形成同步，法律是私有制、阶级和国家出现后才有的。②表现形式不同。法律不论是成文法还是判例法都以文字形式表现出来，道德的内容则主要存在于人们的道德意识中，表现于人们的言行上。③体系结构不同。法律是国家意志的统一体现，有严密的逻辑体系，有不同的位阶和效力。道德虽然有共产主义道德、社会主义道德、社会公德、职业道德以及家庭美德之分，但不具有法律那样严谨的结构体系。④推行的力量不同。法律主要是靠广大干部群众自觉守法来维护，但也要靠国家强制力来推行；道德则主要靠人们内心的道德信念和修养来维护。⑤制裁的方式不同。违法犯罪的后果有明确规定，是一种“硬约束”。不道德行为的后果，是自我谴责和舆论压力，是一种“软约束”。

（二）法律与政策

政策有党的政策、国家政策之分，有总政策、基本政策和具体政策之别。党的政策是执政党在政治活动中为实现一定的目的而作出的政治决策。这里主要讲党的政策与法律的区别：①意志属性不同。法律是国家意志的体现，而党的政策是党的意志的体现。②规范形式不同。法律具有规范的明确性，政策则常常只规定行为的方向而不规定具体的行为规则。③实施的方式不同。法律和政策都要靠宣传教育，使广大干部群众掌握和自觉执行。但在执行中遇到障碍时，法律有民事、行政、刑事制裁手段；违反政策则由党的纪律来处理。④稳定程度不同。法律有较高的稳定性，党的总政策和基本政策也有较高的稳定性和连续性。党的政策的连续性“当然包括独立自主、民主法制、对外开放、对内搞活等内外政策，这些政策我们是不会改变的。”（《邓小平文选》第三卷，第146页）但具体政策，就必须随形势的发展变化而随时加以调整。在这一点上，同时体现了政策与法律各自的优点和局限性。

现代国家，没有法律不行，没有政策也不行。目前，我国正在稳步推行“依法治国，建设社会主义法治国家”的基本治国方略，因此，处理好党的政策与法律的关系就显得特别重要。

1．法律的制定和实施要以党的政策为指导

实现党的领导作用的基本方式之一是制定和实施政策，以指导国家的活动；而国家活动的基本方式是制定和执行各项法律，以实现国家职能。所以，制定和实施法律就必须以党的政策为指导，这也是在国家活动中坚持党的领导的体现。法律的制定体现着党的“一个中心，两个基本点”的基本路线和其他有关改革开放和现代化建设的政策，或者说是经过法定程序把党的政策条文化、具体化。

2．政策和法律的实施相互促进

政策上升为法律之后，就能以国家强制力为后盾而得到有力地推行；法律以政策为指导，就能从政策对实践经验教训的科学总结、对社会发展规律的正确反映、对广大人民利益的集中体现中获得力量，从而使法律得到人民衷心的拥护。

3．政策和法律互相制约

改革开放以来，在邓小平民主与法制思想的指导下，我们大力加强民主与法制建设，按照邓小平同志关于“还是要靠法制，搞法制靠得住些”（《邓小平文选》第三卷，第379页）的指示，逐步改变了过去主要靠政策办事的作法；确定了“党必须在宪法和法律的范围内活动”的原则；提出了“党领导国家事务的基本方式是：把党的主张经过法定程序上升为国家意志”；党的十五大报告进一步指出：“要把重大决策与立法结合起来”；党中央和全国人大都以正式文件的形式，确认了依法治国的基本治国方略。

因此，党在制定政策时，要充分考虑到宪法和法律的有关规定；党领导国家事务的活动，要在宪法和法律的范围之内进行。

实践与训练

法制宣传日活动

训练目的：

通过进行一次有组织的社会法制宣传活动，开展法制宣传日，使学生提高法律意识。

训练组织：

1）活动前选取特定法律知识对学生进行知识指导（如，3月15日是国际消费者权益日，教导学生关于打假的法律知识、合法的处理手段）。

2）将学生分成小组，选取合适地点，在教师的带领下进行与群众交流法制思想活动，宣传法制内容。

3）要求学生对宣传情况作好记录。

4）要求学生从宣传中强化自我法律意识。

训练考核：

学生完成一篇法制宣传活动心得。

第二节　法纪与你同行

阅读材料

违反劳动合同要承担违约责任

李某于 2008 年 5 月 1 日应聘到某机械制造企业主持市场部工作，并签订了为期 4 年的劳动合同。公司出资送其参加汽车驾驶培训。2008 年 8 月，又送其到日本培训 3 个月，当时签订了培训协议，规定李某在研修后两年内不能辞职。李某回国后为公司仅仅服务 1 个月，即辞职到另一家机械制造企业担任副总经理职务；企业多次与李某通过各种途径接触，但他始终回避违约责任问题，交接工作也未积极配合，造成企业多种业务工作陷入混乱，使工作处于被动状态。在双方协商未能达成一致的情况下，申诉方向劳动争议仲裁委员会申请仲裁，要求依照法律程序追究被诉方违约责任。

根据调查核实情况，劳动争议仲裁委员会认为：双方签订了合法、有效的劳动合同，又达成了培训协议，明确了双方的责权利，双方理应自觉按协议、合同履行。现被诉方视劳动合同为儿戏，随意离开，是一种严重违约的行为，理应承担相应的法律责任。经劳动争议仲裁委员会调解，双方达成了共识，形成以下协议：

（1）李某向公司赔偿培训费 6000 元；

（2）李某主动配合企业将未了结业务事宜交接清楚。

至此，案件处理完毕。

这是一起典型的职工违反劳动合同、应当承担违约责任的劳动争议。劳动合同一经签订，即具有法律效力并对双方产生约束力，必须认真履行。

思考：法律如何规范我们的职场行为？

在一些人眼里，按“潜规则”办事，似乎是一种机智、一种能力。人们常说的一句话是：规则是死的，人是活的。还有一句话叫“与政策赛跑”。个人行为遇到规则“黄线”的时候，有的人常常不是规范自己的行为，而是习惯去找关系“通融”，用金钱“摆平”，借权力“放行”。而一个执掌规则的人，如果学会网开一面、下不为例、特事特办、法外施恩，才被认为“会处事”、“会做人”。而真正讲原则、守规矩的人，却被讥为死板、迂腐、没有开拓精神。于是，在有些人心里，规则可以灵活掌握，法律富有弹性，秩序可以随意调整。

事实上，法律绝对容不得丝毫偏移。它与我们的生活同行，指导并且规范着我们的行为。

名人名言

法律的最高层次是一种信念，一切法律的基础，应该是对人的价值的尊重。

——陈弘毅

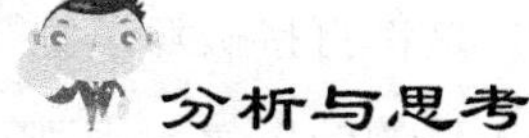

分析与思考

一、没有规矩不成方圆

“没有规矩，不成方圆”是句俗语，它强调做任何事都要有一定的规矩、规则、做法，否则将无法成功。它来自木工术语，“规”指的是圆规，“矩”是指直尺，规、矩即校正圆形、方形的两种工具，多用来比喻标准、法度。一切事物的存在和发展也应该有“规矩”，否则是不行的。

学校有学校的秩序，工厂有工厂的规章，部队乃至国家都有各自的纪律和法规。如果没有“规矩”，学校怎么能进行正常的教学？工厂怎么能维持正常的生产？部队怎么能做到令行禁止、指挥自如？国家又怎么能安定团结、繁荣富强？

古老的汉谟拉比法典开始了人类法律文明之光；秦王用法家严律治世，打下秦朝统一江山；高祖入关与民约法三章，奠定汉朝开国基石；诸葛丞相挥泪斩马谡，“始令蜀国三军一心，敌于强魏”。

军纪严明的岳家军，之所以攻无不克、战无不胜，靠的就是军纪严明。一次岳云违抗军令，私自带兵出战，差点导致岳家军全军覆没。岳飞不顾父子之情，要杀岳云，经众将劝解，才免除死罪，但还是打了一百杀威棍。三国时候，曹操之所以强大，也是靠军纪严明。他定了不能骚扰民居、不能让战马踏入良田的规矩，违者死罪论处。一次他带兵出征，不料坐骑受了惊吓，踩倒了一片麦苗，为严明军纪，他立刻拔出佩剑，准备自裁，最后仍以割发代替死罪。

社会的发展需要规矩，没有了一定的规矩，社会就不能正常维持下去。规矩随着社会的发展而不断更新。法律也要随着时代变化而不断更新，两者实际上是相辅相成、辩证统一的。

在我们的现实生活里，有着各种各样的规矩。例如，乘车得遵守乘客须知；看电影得遵守观众须知；看病得遵守病人须知；到商场购物得遵守顾客须知；在餐厅就餐得讲先后秩序；来学校读书得遵守班规校纪；参加文体活动得遵守文体活动的各种规则；尊敬师长，关心同学，热心助人……但在我们的同学中，也存在着许多不守规矩的现象。有的不遵守交通规则，闯红灯；有的成了网络游戏迷，违反校纪；有的打架骂人。他们明明知道这些是违反规则、违反纪律的行为，可还是照样做。这不仅会影响自身的学习和生活，还会严重损害学校的形象。

没有规矩，不成方圆。法律和规则是社会运行的基石，是社会有序运转、人与人和谐共处的基本元素。法制意识不强和执法力度不够，是一个问题的两个方面。这都直接破坏了社会生活的正常运行，带给人们错误的信息，助长了人们不择手段实现个人目的的风气。规则形同虚设，社会必定混乱无序。衡量一个国家、一个城市的文明程度，一个重要标志就是政府和每一个公民的规则意识、法律意识。

规矩是一种约束，更是一种保障。它在约束我们的同时，为我们造就了一个难得的发展平台，使我们更加成熟、完美和成功。当然，光有规矩不认真执行也是不行的。我们一定要严格执行规矩，争做遵守规矩的模范。

二、法制是社会和谐的保障

在现代社会，随着法制功能渗透面的扩展，以及人们对它的迫切需要，使其具有了全新的含义。它不仅是强制人们遵守的行为准则，也是促进社会繁荣发展、维护社会和谐状态的最有力的保障。

历朝历代都有自己的一套律法。譬如，周公制定的“周礼”，商鞅制定的“变法”，刘邦的约法三章，诸葛亮入蜀后制定的许多法令。我们在 21 世纪构建和谐社会的目标指引下，已踏上一条法制健全的道路。这正是社会主义市场经济发展的需求，也是人们生产生活的迫切需要。如今，法制观念渐渐深入人心，拿起法律武器维护自己合法权益的大小案例越来越多。

电视剧《任长霞》中就有一桩真实的案子：一流氓团伙在某地区欺压百姓、为所欲为，老百姓敢怒不敢言，怕引来更大的报复。另外，以前当地的执法部门对黑势力团伙打击不力，对老百姓的宣传不够，也是该流氓团伙得以横行数年的主要原因。

由此可见，宣传法制观念和树立法制观念同样重要。打击违法犯罪只是执法部门的一种手段，预防和制止违法犯罪才是保护人民生命财产安全、维护社会和谐的根本方针。社会主义法治理念的灵魂就是为实现最广大人民的根本利益提供法制保障。所以说，社会主义法治理念是构建社会主义和谐社会的法制保障。因此，随着市场经济的逐步深入和社会的飞速发展，以及与世界接轨进程的加快，树立法制观念就显得尤为重要。只有真正具有了法制观念，才能保证在工作和生活中懂得处处学法、用法，才能维护好社会秩序，给创建和谐社会提供最有力的法制保障。

实践与训练

名侦探说法

训练目的：

通过对法律案例进行分组讨论，增加学生主动学习的动力，了解相关法律知识。

训练组织：

1．分组

将学生分为4个小组，并各选出一名组长，共同商定组名（如，柯南、狄仁杰等）。

2．小组竞赛（回答相关案例问题）

案例一：某企业招用了一批合同制工人，其中有两名刚满 15 岁。劳动合同中约定，工人入厂时，需交身份证以作抵押，合同期限为5年，其中试用期为1年，在履行合同过程中，若发现不能胜任工作，企业可随时解除劳动合同。法定节日需照常工作，工资不变。每3个月发放一次工资。

分析：

1）企业的招工行为中有哪些违反了劳动法的有关规定？

2）劳动合同的内容有哪些违反了劳动法的有关规定？

案例二：纪某在14岁之前盗窃各类财物总计约7000余元。14岁生日那天，纪某邀集几个朋友到一家饭馆吃饭。饭后回家途中，纪某看到一个行人手拿提包，即掏出随身携带的弹簧刀将持包人刺伤后抢走提包，包内有手提电话一部、现金 5000 余元。第二天，纪某出门游逛，见路边停着一辆吉普车，即设法打开车门，将车开走。行驶途中，因操作生疏，将在车站候车的3人撞倒，造成两死一伤。纪某不仅未停车，反而加大油门逃走。当日下午，纪某将汽车以两万元的价格卖出，后被抓获。

分析：

1）纪某违反了哪些法律法规？

2）纪某应受到法律的制裁吗？如果是，纪某应负哪些责任？

3．讨论回答

四组学生分别讨论，由组长代表回答问题。

训练考核：

每答对一个问题计1分，分数最高的一组获得竞赛胜利。

参考答案：

案例一：

1）该企业招用未满 16 周岁的未成年人做工，违反劳动法规定。

2）企业的劳动合同中有下列违反劳动法规定的条款：①以身份证作为抵押物，违反劳动法规定；②劳动法规定试用期为 6 个月；③劳动者不能胜任工作，需经过培训或者调整工作岗位，仍不能胜任工作，用人单位才可解除劳动合同，且必须提前 30 日以书面形式通知劳动者本人；④劳动法规定法定休假日安排劳动者工作，应支付不低于工资 300%的工资报酬；⑤工资应当以货币形式按月发放。

案例二：

1）抢劫罪和盗窃罪。未满 16 周岁不构成盗窃罪。刑法规定的刑事责任年龄是按实足年龄，只有过了 14、16 周岁生日，从第二天起，才认为已满 14、16 周岁。

2）纪某已满 14 周岁当天实施抢劫行为，已构成犯罪，应负刑事责任。因不满 16 周岁减轻刑事处罚，判处有期徒刑三年。

第三节 遵纪守法

阅读材料

“拍照门”事件

张丽（化名），某中职学校机电专业女生，16 岁。

王琪（化名），某中职学校机电专业女生，15 岁。

2008 年 12 月 12 日，在某中职学校，二年级学生张丽因旷课被班主任批评，心中不服并怀疑是同班女生王琪向班主任告密所致。下午放学后，张丽和两个好朋友将王琪强行拽到女厕所，喝斥王琪为什么要向班主任告密，王琪向张丽再三解释并没有告密行为，张丽不信，恼羞成怒地与两个好朋友殴打王琪，并威胁她不准告诉别人。以防万一张丽等三人强迫王琪脱掉衣服只剩内衣裤并拍照，扬言只要她告诉别人就把照片传到网络上。

当晚，王琪回家后一直哭泣，整日精神恍惚，之后再没来上学。家长发现王琪的行为异常，带她去看心理医生。经医生鉴定王琪患上了中度抑郁症。经家长再三询问，王琪告知详情。王琪家长找到班主任，要求张丽等同学对王琪进行精神赔偿。该案件最终诉至人民法院，

法院判定张丽及其两位朋友构成了侮辱罪，判处有期徒刑 1 年并对王琪进行精神赔偿。张丽在面对如此判罚时不禁失声痛哭，追悔莫及。

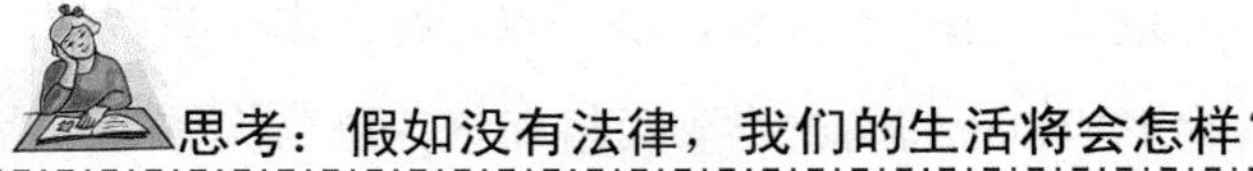

思考：假如没有法律，我们的生活将会怎样？

现代社会生活中，没有法律是难以想象的。我国法律作为人民意志和利益的体现，通过规定人们的权利和义务来规范人们的行为。法律的规范作用突出地表现为，它规定人们可以做什么、不可以做什么、必须做什么、应当做什么、不应当做什么。如果人们违反了法律，就会受到法律的制裁和处理。法律既为人们的提供了一个模式、一个标准或方向，又是评价人们的行为是否合法的有效准绳。

名人名言

良好的秩序是一切的基础。

——E•伯克

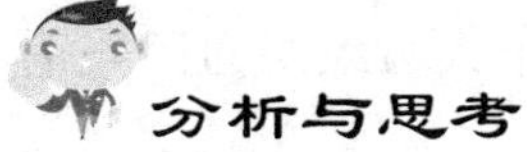

分析与思考

一、提高法律意识，做守法公民

（一）学习法律知识，提高法律意识

我国所倡导的法律意识是新型的社会主义法律意识，包括公民意识、权利义务观念、平等自由观念以及契约观念等。在我们的社会里，必须大力倡导“法律至上”的观念。每一位中职学生都应自觉学习法律知识，做到知法、懂法、守法，树立正确的世界观、人生观，提高法律意识，增强法制观念。

（二）注重调适，用健康的心理对待学习和生活

青少年正处于人格重建和心理极易扭曲的危险期。心理扭曲如不及时矫治就会导致心理障碍，形成各种程度不同的心理疾病。这些病态心理轻则会影响健康人格的形成，重则会造成犯罪。因此，我们应该做到：①正确认识社会，确立自己未来的职业生涯目标；②加强学习，提高自身文化素养和道德品质修养，学习上高标准、严要求，生活上低标准、不攀比；③多参加学校组织的各项活动，在活动中提升品位；④学会感恩，多为辛苦的家长和亲人着想，尽可能多与家长、老师沟通、交流；⑤学会约束、控制自己，遇事三思而后行。

（三）遵守学校规章制度，养成良好的行为习惯

中职学生要自觉遵守学校各项规章制度，如，作息制度、课堂规范、考场纪律等，养成良好的学习生活习惯。多一些刻苦，少一点虚华；多一些关爱，少一点浮躁；多一些诚信，少一点虚假；多一些文明，少一点轻狂。为形成自己特有的学习风格和培养自己优秀的人格品质而不懈努力。

（四）远离不法分子，营造健康的成长环境

近朱者赤，近墨者黑。成长的环境对于人的健康发展十分重要。中职学生一定要做到明辨是非、分清善恶，不要与社会上的不法分子接触。近来，有些不法分子利用在校学生的年幼无知，教唆、指使一些学生参与吸毒、贩毒等违法犯罪活动。中职学生要提高警惕，不为利诱、不被利用。

二、遵守企业管理制度

制度是规范个人与组织行为的各种约束和规则，起着规范、约束人们行为的作用。制度的基本作用是规范与约束人们的行为，通过约束人们的行为促使个人与组织向同一个目标前进。

企业制度对企业的发展起着至关重要的作用，要想成为优秀的企业员工，就必须遵守企业规章制度。

（一）加强企业制度的学习

企业制度出台后，所有员工首先要明晰制度所规定的内容和本职工作的关系，提高遵守制度的自觉性。了解制度规定的办事原则和程序，树立服从制度的观念，增强按制度、按程序、按原则办事的思想意识，坚决纠正重权轻制度、以权压制度的思想和行为。

（二）自觉维护企业规章制度的尊严

企业的规章制度是每个部门、每位员工必须遵循的行为准则。制度面前人人平等，任何部门、任何员工都没有超越企业制度的特权。

（三）必须严格遵守企业制度

法令行则国治国兴，法令驰则国乱国衰。一个企业也是如此，企业管理必须制度化、规范化、程序化，对任何违纪违章的现象，都要按照制度严肃处理。任何制度都必须落实到员工的日常工作和生活中，不折不扣地执行下去才能保障企业有序运行。

实践与训练

模拟法庭

训练目的：

通过组织学生开展“模拟法庭”活动，将法律理论知识与实践相结合，从而培养学生知法、懂法、用法的能力。

训练组织：

庭审案例：

16 岁的小朱与 15 岁的小李是初三的同班同学，平时就好自称大，恃强凌弱；二人家庭经济都较困难，很羡慕有钱的同学穿名牌。一天，一个低年级学生小强穿了一双耐克鞋在路上把一块石头不小心踢到小朱的身上，小朱很生气，想教训教训这个小强。小李一看一双新的耐克鞋，就说把这双鞋换过来穿穿算了，小强不肯，二人上去开始对小强拳打脚踢，小强只好把鞋给了小朱。事后，小强的家长报了案，小朱与小李被叫到了公安局。经查，小朱和小李还数次向其他小同学强索人民币，有的 2 元，有的 4 元、5 元，最多一次强索 17 元，后因被害人要求返还 7 元，总共强索金额 31 元。

1）教师提前一周布置活动要求，安排学生进行角色扮演（法官、陪审员、书记员、双方辩护律师、被告、原告、证人等）。

2）要求学生提前一周收集相关法律资料，作为开庭审理内容。

3）组织学生进行现场观摩“模拟法庭”审理过程。

4）学生自评，教师总结评价。

训练考核：

本案例审理程序参考表

类别、过程和程序	开庭准备	法庭调查	法庭辩论	法庭调解	宣告判决
刑事审判	审判长应告知被告人依法享有辩护权	（1）公诉人发言 （2）被害人及其诉讼代理人发言 （3）被告人陈述和自行辩护	法庭辩论应当在审判长的主持下，按照下列顺序进行： （1）公诉人发言 （2）被害人及其诉讼代理人发言 （3）被告人自行辩护 （4）辩护人辩护 （5）控辩双方进行辩论	被告人最后陈述	宣告判决有两种方式：一种是当庭宣判，即在十日内发送判决书；另一种是定期宣判，即宣判后立即发给判决书

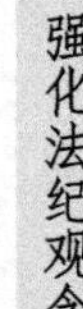

第八章　提升竞争能力

第一节　树立竞争意识

阅读材料

105 年的“战争”

在营销史上，百事可乐和可口可乐的“战争”一共打了105年，但是前面的70年可谓是漫漫长夜，百事可乐长期处在可口可乐的强大压迫之下。百事可乐曾3次上门请求被可口可乐收购，遭到对手拒绝。因为百事可乐的攻击点（即定位）不准确，攻击力很差，其中最有名的一次攻击是在20世纪30年代。大家知道，美国在那时处于经济萧条时期，人们手中没有钱，这时百事可乐推出了一则广告：“花同样的钱，买双倍的可乐。”它从价格上去打击可口可乐，短期内奏效了。但很快，当可口可乐把价格降下来之后，优势又回到可口可乐的手中。

进入20世纪60年代末，当百事可乐定位于“年轻人的可乐”时，才算找准了可口可乐战略上的弱点。因为可口可乐是传统的、经典的、历史悠久的可乐，它的神秘配方至今仍被锁在亚特兰大总部的保险柜中，全世界也只有7个人知道保险柜的密码。所以当百事可乐找出针锋相对的反向策略，从而把可口可乐重新定位为落伍的、老土的可乐时，百事可乐从此才走上了腾飞之路：从3次请求被收购到20世纪80年代中期几乎与可口可乐平分秋色，并最终迫使可口可乐放弃传统的配方，转而推出新配方可乐，即复制百事可乐的“新一代”战略。可口可乐复制百事可乐新战略的结果是营销史上有名的大灾难，甚至发生了消费者上街示威的事件。消费者的口号是“还我可口可乐”。它不可能复制“年轻人”的战略。事实教育了可口可乐，迫使它回到传统可乐上来。

百事可乐与可口可乐的这场旷日持久的“战争”告诉我们：竞争需要活力。唯有竞争，才有进步。

思考：什么是企业屹立不倒的精神力量？

竞争，是一种良性的、促进事物发展的必要方式。没有竞争就没有进步。竞争，使我们更加的奋发向上、积极追求。作为年轻人，更要有充实自我、提高自我竞争能力的要求。

要知道，在社会中，荣誉与奖励都属于竞争中的强者。同时，我们要学会“寻找竞争对手”，设立发展目标，来创造自己的美好生活。

竞争才有活力。失去了这种活力，生活就失去了色彩。

名人名言

事无大小，人无高低，均在竞争中生存。

——大松博文

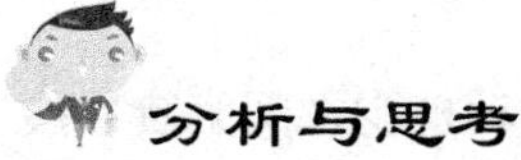

分析与思考

一、竞争是新时代的发展要求

（一）市场经济就是竞争经济

我国还已顺利地加入世界贸易组织，还将逐步健全和完善社会主义市场经济体制，这表明我国已经进入社会主义市场经济的新时代。市场经济呼唤竞争意识，市场经济需要树立竞争观念。在某种意义上讲，市场经济的本质就是竞争，市场经济就是竞争经济。竞争是市场经济发展的动力，是社会发展的推动器，离开了竞争就不存在市场。

放眼世界，国与国之间的竞争十分激烈。经济的全球化和我国加入世界贸易组织的新形势，在更大范围、更大领域、更高层次上参与国际经济技术合作与竞争，拓展了经济发展空间，提高了对外开放水平，使激烈的竞争机制渗透到社会的各个方面、各个领域和各个层次，深刻地影响着人们的经济生活、政治生活、精神文化生活以至整个社会生活。竞争成为新时代的一个重要特征。

（二）竞争时代需要有竞争精神

如果一个国家、一个民族、一个地区，缺乏竞争精神，必然会导致落后；如果一个企业、一个单位，缺乏竞争精神，必然会走下坡路；作为个人，如果缺乏竞争精神，必然会被社会所淘汰。新的时代，竞争越来越成为人们最基本的生活方式，不竞争或竞争力不强，都会被市场无情地淘汰，那种妄自尊大、知足者常乐的时代已经一去不复返了。

当前，在一些人的观念中，往往把竞争与资本主义制度下的尔虞我诈、“大鱼吃小鱼”、相互倾轧联系在一起，因而忌讳和否定竞争。其实，从自然界到人类社会领域，始终存在着

物竞天择、适者生存的竞争现象。例如：在山林，大有虎狼、小有蛇鼠之争；在农田，有稻秧和稻草之争；封建社会的科举取仕，也是封建政治领域的一种竞争；现在的竞争上岗、下岗和再就业等都是一种竞争。竞争并不是资本主义特有的现象，它是市场经济的必然伴侣。凡是有商品生产流通的地方，就必然有竞争。革命导师列宁说："竞争能够在相当广阔的范围内培植进取心、毅力和大胆首创精神。"竞争机制就是鼓励先进、淘汰落后，这对调动人们的积极性、推动社会主义市场经济的发展，具有重要的作用。

二、规则是竞争的前提

（一）竞争与规则共存

竞争是当今时代的一大主题，自然界中"物竞天择，适者生存"，动植物之间为食物展开了一番殊死较量，弱肉强食，你死我活，稍不留神就可能成为生物链上最末的一环。人类社会更是充满了激烈的竞争，升学、求职、晋级、夺冠，唯有强者才能从竞争中胜出、先发制人。在人才济济、发展迅速的现代社会，只有不断竞争才能求生存、促发展。

然而，仅仅一味地拼抢、竞争就能成功吗？球场上要发扬拼抢精神，但同时不能忘记裁判的哨子和黄牌，倘若触犯比赛规则而被裁判罚下，那么不但不能再次拼搏，反而连竞争的机会都失去了。由此可见，竞争虽至关重要，但在竞争的过程中一定要注意规则。

（二）要竞争，更要讲究规则

竞争就是发挥个人的主观能动性去改造客观世界，而主观能动性的发挥要受客观因素的制约。也就是说，我们的行为一定要符合社会发展的客观规律，要端正主观动机，积累正确的主观因素。规则是用来规范竞争行为的，有严明规则的竞争才是真正的竞争，没有规则的竞争则是无效的竞争。所以说，要竞争，更要讲究规则。

乒乓球比赛规则一再变更，但我国运动员随时调整自身技术来适应新规则，成为世界乒坛上不倒的"长青树"。多年前温州一些制鞋公司违背市场经济诚实信用的规则，制造假冒伪劣产品，以致温州鞋业在竞争中一败涂地，很长时间无法重回国际市场。不讲求规则的竞争让企业付出了惨重的代价。

竞争中必须讲究规则。规则可以剔除竞争中的不正当因素、维护纯洁的竞争环境；规则可以使"阳光竞争"、"公平竞争"、"透明竞争"实至名归。有规则的竞争才是真正的竞争，才是长远的竞争。若是丢弃规则，盲目竞争，这样的胜利是空中楼阁，无法长久；若是坚守规则，正当竞争，这样的失败虽败犹荣。

实践与训练

心理测试：给自己的竞争意识评分

测试导语：

有竞争意识的人是让人佩服的。让学生通过完成测试来考查自身是否具备竞争意识。

这个测试包括 25 个关于行为、态度的陈述，但是每一个陈述都有相同的 5 个答案。仔细阅读，把答案号码写在括号里，全部做完后，看看自己能得多少分。

测试答案：1．完全不像我　2．不太像我　3．像不像我无所谓

4．很像我　5．完全像我

开始测试：

1）喜欢同学、朋友之间互相帮助。（　　）

2）看到别的同学穿了一双名牌运动鞋，肯定会让妈妈给自己买双比他更好的。（　　）

3）总想成为小伙伴中最引人注目的人。（　　）

4）其他同学和我拼功课，会激励我更加努力。（　　）

5）从不拿自己和别人比较，没必要嘛！（　　）

6）经常在同学面前炫耀自己的爸爸如何有本事。（　　）

7）有不懂的问题时，我喜欢在同学面前硬着头皮装懂。（　　）

8）自己和父母的关系其实不是很融洽，但是如果有同学问起我的爸妈，我也会说我们相处得很棒。（　　）

9）学校组织的体育比赛只是好玩，我不在乎输赢。（　　）

10）我喜欢单挑，不喜欢大人们常说的团队合作。（　　）

11）那些比我强的同学如果和我不在同一个学校读书该有多好！（　　）

12）我讨厌别人在我面前炫耀自己。（　　）

13）我宁可表现平平，也不愿意牺牲太多玩的时间去变成“超级巨星”。（　　）

14）让我最得意的是，班里那个最引人注目的同学和我是好朋友。（　　）

15）我最不喜欢别人对我说：“凡事不必太在意，因为人总有长有短。”（　　）

16）我知道即使成功的人也不一定样样优秀。（　　）

17）我喜欢得到别人的肯定。（　　）

18）我最在意的是自己应该做的事情是不是已经出色地完成了。（　　）

19）当我和朋友之间为一点小事争得越来越激烈时，我会考虑为这么点小事吵架是不是值得。（　　）

20）我不在乎别人比我优秀，因为我相信最终我会超过他们。（　　）

21）凡是我不擅长的事情，我基本是不去做的，做不好多丢人呀！（　　）

22）我认为有太多的事情可以做，何苦在一件事上争强求胜。（　　）

23）为了引人注目，我会自愿做一些其他同学不想做的事情。（　　）

24）我认为自己不去和别人比，也会不断进步。（　　）

25）当我一个人在家时，我喜欢做一些小测试。（　　）

评价分值：

第 1）、5）、9）、13）、16）、18）、19）、22）、24）题：选择 5 得 1 分；选择 4 得 2 分；选择 3 得 3 分；选择 2 得 4 分；选择 1 得 5 分。其余各题选择的答案编号就是得到的分数。各题得分相加就是你的总分。

专家点评：

得分在 25～51 分，算是得分中等。你有点害怕竞争，不是你不喜欢成功，而是你太多地考虑竞争给自己带来的不安全感。我想你肯定不希望永远只做个观众、为别的同学取得的成功鼓掌喝彩吧？拿出点勇气来，失败没什么可怕的！

得分在 52～70 分，算是得分低。你觉得没有必要去竞争，那实在是一件太辛苦的事情，你觉得老师、父母、同学、朋友们喜欢自己就很好了，做得那么出类拔萃有必要吗？这种想法不能说对或者错，不过我觉得有点过于消极，人还是要积极点才好。

得分在 71～86 分，算是得分中等。你是个考虑得失太多的人。如果你觉得有十足的把握能够获得成功的事情，你就会积极参与竞争，而且尽可能在竞争中表现得很优秀；对自己不太有把握的事情，即使再让人心动，你的态度也是不参与。如果你总想什么事情都要有把握时才去做，也许你不太可能成为成功的人，但是只要你愿意，成功的机会仍然是很多的，为什么不试试呢？

得分在 87～97 分，算是得分高。你是个开放、优秀、有见识的人，对成功有绝对坚定的信心。你的竞争力很强。对你而言，竞争是自己的一种生活态度，你喜欢有竞争的生活，觉得很有意思，所以你在竞争中有很大的优势。

得分在 98 分以上，算是得分很高。其实大家都很羡慕像你这样的人，对你来讲，参与竞争不需要什么理由，竞争过程中那种感觉似乎比成功的结果更吸引你，就这点来说，真的很少有人有这份勇气。但是也要提醒你，成功不是手到擒来的，别把自己的生活搞得到处都是对手，而没有朋友和伙伴。

第二节　竞争催人奋进

阅读材料

竞争创造的奇迹

查尔斯•施瓦斯是美国著名的企业家，他属下一个子公司的职工总是完不成定额。该公司经理几乎用尽了一切办法——劝说、训斥，甚至以解雇相威胁，但无论他采用什么方法都无济于事，工人还是完不成定额。有鉴于此，施瓦斯决定亲自到该公司处理这件事。

施瓦斯在公司经理的陪同下到公司巡视。这时，正好是白班工人要下班，夜班工人要接班的时候。施瓦斯问一位工人：

“你们今天炼了几炉钢？”

“5 炉。”工人回答说。

施瓦斯听了工人的回答后，一句话也没说，拿起笔在公司的布告栏上写了一个“5”字，然后就离开了。

待夜班工人上班时，看到布告栏上的“5”字，感到很奇怪，不知道是什么意思，就去问门卫，门卫将施瓦斯来公司视察并写下“5”字的经过详细地讲述了一遍。

次日早晨，当白班工人看到布告栏上的“6”字后，心里很不服气：夜班工人并不比我们强，明明知道我们炼了 5 炉钢，还故意比我们多炼 1 炉，这不是明摆着给我们难看，让我们下不了台吗？于是，大家劲儿往一处使，到晚上交班时，白班工人在公布栏上写下了“8”字。

智慧过人的施瓦斯用他无言的刺激，激起了公司员工之间的竞争，最高的日产量竟然达到了 16 炉，是过去日产量的 3.2 倍。结果这个平日落后公司的产品产量很快超过了其他的公司。

思考：是什么促进了员工的进步？

生活中处处充满竞争，竞争是催人奋进的动力源泉。要懂得竞争是促进我们进步的方式，不要去回避它。要有勇于竞争、敢于前进的信心。

名人名言

江山代有人才出，各领风骚数百年

——赵翼

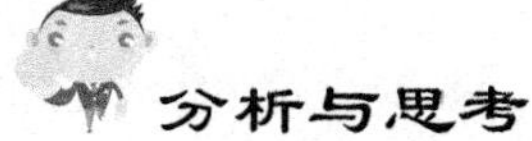

一、竞争带来机遇

竞争是一个国家、一个民族赖以生存和发展的永恒动力。一个国家、一个民族如果没有竞争，就没有进步、没有发展；一个人没有竞争的压力，也就没有前进的动力。竞争带来挑战，但也带来机遇，在激烈的竞争中发现机遇、抓住机遇，最后必能取得成功。

（一）竞争是前进的动力

竞争是社会前进的动力。社会群体中的竞争能够激发人们的上进心和创造力，使个人的智慧与力量得到充分的发掘和施展。通过你追我赶的竞争，群体也能获得更快的发展与进步。

竞争是人前进的动力。竞争能激发人的自我提高意识和能力，使人不断地进步。想要在激烈的竞争中出人头地，获得成功，付出努力是必需的，勤奋与汗水是成功的根本。

（二）竞争能激发潜能

我们每个人都有巨大的潜能。任何平凡的人，只要经过潜能开发训练，将潜能得到适当的发挥，都可干出一番惊人的事业。竞争，对人的发展和社会进步有促进作用。它给我们以直接现实的追求目标，赋予我们压力和动力，能最大限度地激发我们的潜能，提高学习和工作的效率。

（三）竞争和机遇同在

激烈的竞争不仅给竞争主体带来了挑战，而且也带来了机遇。在日常的学习、生活活动中，我们提及最多的就是机遇，然而，最难的也正是如何把握机遇。卡耐基认为机遇人人都有，只是有些人不善于把握机遇。

什么是机遇？机遇就是好的境遇、机会，为实现某种目的提供可能性的环境形势。机遇，不会自动出现，而要在竞争中发现并且紧紧抓住。它只青睐有准备的人，只有目光敏锐、勇敢果决者才能获得它，它不相信眼泪，它与懦弱、懈惰无缘。竞争中有机遇，机遇留给竞争者，不参与竞争，就错过了机遇。

二、不惧失败，勇于竞争

在社会中，竞争是一个普遍现象，只要有多个人想要同一样东西，就会出现竞争。无论是升学、就业、升职、加薪，甚至是寻找伴侣，每一个环节都离不开竞争。

（一）害怕竞争就是害怕失败

在生活中，害怕竞争的心理是普遍存在的。有人不敢参加各项技能比赛；有人不敢上台竞选班干部；有人不敢在众人面前唱歌表演等。究其原因，害怕竞争往往是源于害怕失败，害怕自己表现了之后仍没有别人优秀。而害怕失败，又因为对自己的期望太高。一个害怕竞争的人，往往是不敢和他人或社会有真实接触的人，往往在逃避社会。因为竞争实际上也是一种社会合作，它考验的是一个人能不能充满自信地与人或社会接触、表现自己。所以，逃避竞争其实也就是逃避生活。

（二）在竞争中克服失败的恐惧

有竞争就会有成败，失败是现实，也是痛苦。当失败真正来临时，有的人表现出超强的冷静与自信，有的人则表现出对失败的忧虑与恐惧。后者把失败看成了固有的发展态势，因而会阻碍他日后前进的脚步。为了更好地适应并立足于这个现代竞争社会、实现自己的理想和抱负，中职学生必须培养自己的抗挫折能力，增强自我适应能力，磨练自己的意志，才能从容应付并战胜学习和生活中的各种挫折，在竞争中克服失败的恐惧，迎接挑战。

（三）既要勇于竞争，又要善于竞争

竞争会带来机遇，能使一个国家繁荣富强，能推动历史的前进，能使我们充满活力、充满生机。我们要树立竞争意识，既要勇于竞争，又要善于竞争。

勇于竞争就是要不惧失败，勇敢地参与竞争。勇于竞争的底蕴在于培养自信心、创新意识、功底、才华和勇气；具有自信心，方能在竞争中充满激情和战斗力；具有创新意识，敢为天下先，方能形成独特的个性，在竞争中不断突破自己，超越他人，抓住机遇，展示自己的优势、才华、个性，得到社会的承认。善于竞争，是指遵循社会竞争的规范和法则，掌握竞争的技巧和方法，讲道德，讲风格，光明正大，公平竞争。

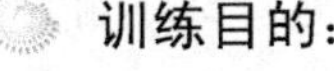

实践与训练

摆脱烦恼游戏

训练目的：

让学生学习在竞争中遭遇挫折时如何释放心理包袱，提升学生抗压能力。

训练组织：

1）将全班同学分成 10 组。

2）请出 10 位愿意和他人交流自身困扰与经验的同学。

3）请 10 位同学把各自认为存在的问题写成小纸条交给老师。

4）老师接到纸条后，将纸条打乱顺序，然后分给 10 个小组。

5）接到任务的小组，用 5 分钟的时间来讨论可以解决的办法，商讨并写下 2～3 个答案或应对办法。

6）请每个小组轮流说出他们接到的任务及他们的解决办法。

训练考核：

在活动过程中，教师着重观察学生是否善于表现自我，对学生的表达能力、沟通协调能力进行考核。同时，教师应对学生的抗压能力进行客观评价。

第三节 增强竞争能力

阅读材料

钢铁是怎样炼成的

铁矿石在刚被开采出来的时候，只是比煤球坚硬少许的石头，几乎没什么用处。但是经过基本研磨加工，铁矿石就会变成“铁灰”，再进入熔炉过滤成为“铁水”，倾倒出来后冷却会变成“生铁”。生铁很坚硬，可以做成很多生活中实用的工具。但是生铁很脆，容易折断、容易生锈。将生铁再次熔化成为“铁水”，过滤渣滓，冷却后就成为“熟铁”，熟铁的韧性比生铁要强得多，甚至可以做成弹簧。但是熟铁的强度不够，在重物的挤压下会发生变形，也容易氧化。再将熟铁进行加工、熔炼，最后，它会成为在人们生活中运用得最广泛、利用价值最高的钢材。

沃尔玛的竞争对手斯特林商店开始采用金属货架以代替木制货架后，沃尔顿先生立刻请人制作了更漂亮的金属货架，并成为全美第一家百分之百使用金属货架的杂货店。

沃尔玛的另一家竞争对手本·富兰克特特许经营店实施自助销售时，沃尔顿连夜乘长途汽车到该店所在的明尼苏达州去考察，回来后开设了自助销售店，当时是全美第三家。

经过 40 多年的争斗搏杀，沃尔玛从美国中部阿肯色州的本顿维尔小城崛起，到目前为止，沃尔玛商店总数达到 4000 多家，年收入 2400 多亿美元，曾列《财富》杂志全球 500

强企业首位，创造了一个又一个神话。

思考：竞争为我们带来了什么？

正是竞争，促使我们强化自我。正是竞争，在不断提高竞争者的水平与实力。我们要勇于竞争，增强自我竞争能力。既要有敢于竞争的勇气，也要学会在竞争中取得成功。

名人名言

物竞天择，适者生存

——达尔文

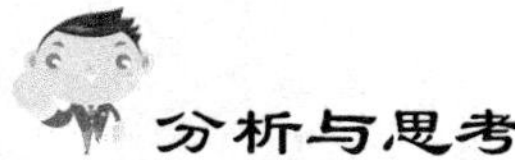

分析与思考

一、培养自我竞争意识

古人云：生于忧患，死于安乐。意思是说，只有心怀一定的危机感和忧虑感才能在激烈的竞争中得以生存、寻求到立足之地。一位成功人士说："当冬天来临时，没有预见，没有预防，就会冻死；谁有棉衣，谁就活下来了。"我们可以想象：棉衣是有限的。好的职业、岗位，幸福美好的生活，谁不想拥有？但是，它们只属于竞争中的强者。

（一）提高自信心

自信，是一个人对自己能够达到某种目标的乐观、充分的估计。诚如大家所说的，自信对一个人确实很重要。拥有充分自信心的人往往会不屈不挠、奋发向上，因而比一般人更易获得各方面的成功。可以说，自信意味着已成功了一半。

相信自我，"我能行！"作为青少年都要有这样的心态。"天生我材必有用"让我们通过一个个力所能及的小成功来逐步树立自信，而这种自信将会成为我们的心理基石。

那么，该如何科学、有效地培养自己的信心呢？

要经常关注自己的优点和成就，多与自信的人接触和来往，不断进行正面的自我心理暗示，树立自信的外部形象，保持一定的自豪感，学会微笑，扬长避短。给自己确定恰当的目标，作好充分准备，提高成功率，从而增强自信。

（二）拥有上进心

上进心是指一种积极向上、追求进步的心理特征。有了强烈的上进心，就有了学习的积极性和接受教育的自觉性，就能发挥自身的潜能，朝着健康、有序的方向发展。

三国时代的刘备，年轻的时候只是一个卖草席的。他曾指着门前大树说道："他年我若为天子，当以此树冠为华盖！"历史上更有人说道："王侯将相宁有种乎！"不想当将军的士兵，绝对不是好士兵。我们走进企业，一份工作不是我们的目标和理想；我们要有争取更高、更好工作的上进心和勇气。

如何提高自身的上进心？

1．创造良好的学习氛围

以积极上进的态度对待自己的学习和生活，积极参加学校开展的各项活动，在活动中大胆锻炼自己、勇敢表现自己。即使有时遇到难题、烦恼，也要及时调整心态，把它们当做成长过程中的一个片段。用积极的人生态度潜移默化地影响自己和他人。

2．确立合理的奋斗目标，激发上进心

给自己一个目标，通过自身的努力，体会到成功的喜悦，从而激发自己的上进心。这个目标一定要切实可行，"小而实"的目标能让我们在努力的过程中感受到成功，慢慢形成积极进取的态度。

二、提高自我竞争能力

（一）关注社会，分析时事

青少年要通过多种渠道了解社会变化发展的动态，要学会对新闻和时事进行思考，从中找出规律作为自己行动的指南。

（二）学会"找对手"

对手不是敌人，我们不需要敌视他。对手是我们学习生活中或者在日后工作中的"强者"。我们应以他作为自己努力的方向和目标，不断自我提升，最终超越对手。

（三）不断学习提高自我

社会是发展的，现今社会知识更新极快。如果仅仅对现有的知识自我满足而裹足不前，就会发现我们已然和社会脱节。不断通过学习更新自己的知识，是提高自我竞争能力的必然选择。有发展目标、针对性的学习更是青少年提升自我竞争能力的有效手段。不学习，是人生中最危险的事情。

（四）提高自我抗挫折能力

挫折是一种珍贵的资源，也是一种人生的财富。甚至可以说，痛苦是快乐之门。挫折具有两重性：一方面使人失望、痛苦、沮丧，或引起粗暴的消极对抗行为，导致矛盾激化，甚至使某些意志薄弱者失去对生活的追求，给群体和个人造成严重的损失；另一方面又给人以教益，使人认识错误、接受教训、改弦易辙，或砥砺人的意志，使人更加成熟、坚强，在逆境中奋起。要学会调整自己的心态，将人生中遇到的种种挫折当做意志的磨练，在磨练中总结经验和教训，提高自我。要相信："天将降大任于斯人也，必先苦其心志，劳其筋骨，饿其体肤，空乏其身，行拂乱其所为，所以动心忍性，曾益其所不能。"不要害怕挫折，在心理上要树立起将挫折转化为成功动力的信心和勇气。

实践与训练

比一比——谁整理得又快又好

训练目的：

竞争不仅仅是技能成果的比赛，它同样也会存在于个人职业习惯与职业素质中。技能成果的大小取决于个人的职业习惯、职业目标与自我定位。培养良好职业习惯与职业素质，能够帮助学生建立起核心竞争力，从而在职场中立于不败之地。

训练组织：

1）准备：学生准备专业实训操作工具；教师准备考核评分标准。

2）分组：由教师选择 4 位同学为考官，将其他学生分为人数一致的四个小组，每位考官负责检查一个小组，向教师汇报各小组成绩。

3）评比要求：①将打乱的操作工具按照实训要求摆放整齐；②整理过程中不得交头接耳，不得借用他人操作工具。

训练考核：

	项　目	记录（考官填写）
考核标准	（1）操作工具准备情况	（有无准备）
	（2）小组成员精神面貌	（精神抖擞、积极）
	（3）小组成员统一化	（着装、标准站姿或坐姿）
	（4）板凳摆放情况	（操作设备的左边）
	（5）操作工具是否齐全	（数量）
	（6）摆放是否规范整齐	（分类整理、实训摆放要求）
	（7）是否交头接耳	（违反评比规则）
	（8）小组成员完成时间	（全部完成时间）

第九章　铸就团队精神

第一节　团结与协作

阅读材料

我是世界500强

汪强是某职业学校的学生，他最大的嗜好是玩网络游戏，经常旷课。

有一次晚自习，班级辅导教师在班上没有看见汪强同学，就到汪强同学的“老地点”——网吧，找到了他。

“汪强，你这么晚了还不回学校上晚自习，干什么呢？”

“老师，我在玩这个游戏呢！在这里杀怪物。都怪这些怪物，它们会掉落一件很好的装备哦！我杀了三天了，它们总不掉，所以……”

“汪强，你为什么不爱上课呢？这个游戏有什么意思？”

“老师，我在这个游戏里最厉害了！我的级别最高，他们（其他游戏玩家）都没我厉害!”

“汪强，为什么你不爱和同学们在一起呢？大家都说你不爱理人。”

“老师，我为什么要理他们？他们有什么了不起的，我在这游戏里比谁都强大，我是无敌的。”

“汪强，假如你用这么多时间在现实生活中专心做点实事的话，得到的肯定比这个多。如果你在职业学校一无所获，你能靠‘我在某某游戏里很厉害’来获得一份工作吗？你做任何事情都能最厉害吗？什么事都能一个人做吗？你会做衣服吗？你会种地吗？你会理发吗？”

汪强沉默了……

两年后，汪强同学参加了学校的集体上岗训练和面试求职，他在700名学生中的成绩排在第679位……他对自己的辅导教师说：“老师，我不行。”辅导教师对他说：“也许你能行呢？”

汪强同学在辅导教师的推荐下进入了某企业进行顶岗实习。工作一个月后，他给辅导教师打电话说："我想辞职，大家都不爱搭理我，我做什么都做不好。我想我不适合做这个。"辅导教师说："你试着主动和别人交流，别把自己放在团队之外，因为你需要这个团队。"

又过了一年，汪强回到学校办理毕业就职手续，特地找到了那位辅导教师："老师，我的单位（实习企业）是世界500强呢！我们企业里工作都井井有条，在大家的配合下我工作很顺利！谢谢您！"那位辅导教师说："你现在也是世界500强。因为你在这个强大的团队中。恭喜你！"

思考：是我们需要团队还是团队需要我们？

只有通过团队，我们才能实现自我。抛开团队的我们，将孤立无助。

名人名言

人心齐，泰山移。

——中国谚语

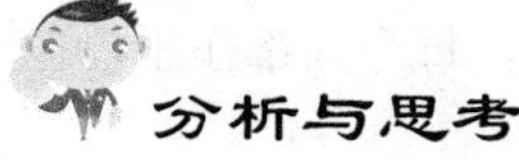

分析与思考

一、什么是团队精神

人类社会是人与人之间协作的产物。在漫长的地球演变过程中，人类之所以能够超越其他强大的动物成为地球的主人，是因为人类具有智慧。人类最大的智慧是什么？是团队协作。正是这种智慧，使人类最终成为地球生命的主宰。

所谓团队精神，简单来说就是大局意识、协作精神和服务精神的集中体现。团队精神的基础是尊重个人的兴趣和成就。团队精神的核心是协同合作，其最高境界是全体成员的向心力、凝聚力，反映的是个体利益和整体利益的统一，并进而保证组织的高效率运转。团队精神的形成并不要求团队成员牺牲自我，相反，张扬个性、表现特长保证了成员共同完成任务目标，而明确的协作意愿和协作方式则产生了真正的向心力。

企业的发展必须合理配置人、财、物，而调动人的积极性和创造性是资源配置的核心，团队精神就是将人的智慧、力量、经验等资源进行合理的调动，使之产生最大的规模效益，产生 1+1＞2 的效能。

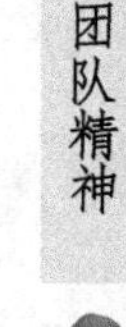

我们为什么需求团队精神？什么是团队精神？我们将来进入企业工作后，团队协作将以怎样的形式出现？

没有人能够独自胜任所有的工作，即使是古往今来的“天才”，也需要团队协作与团队精神。这就是社会中人与人之间形成分工的原因。每个人都不可能“面面俱到”。大家可以思考：法国的“军事天才”拿破仑曾经率领军队横扫欧洲；但是，如果只有他一个人，没有优秀的部下、听从指挥的士兵，他能单枪匹马地征服欧洲诸强吗？每个人都需要融入各自的团队，来创造我们的生活，实现自己的理想，建设和谐的社会。而团队精神是我们融入其中的前提。我们是即将进入企业工作的准职业者，首先应理解一下企业团队精神的要点。

（一）团队的精髓是共同承诺

团队的精髓是共同承诺。共同承诺就是共同承担团队的责任。没有这一承诺，团队如同一盘散沙；作出这一承诺，团队就会齐心协力，成为一个强有力的集体。很多人经常把团队和工作团体混为一谈，其实两者之间存在本质上的区别。优秀的工作团体与团队一样，具有能够一起分享信息、观点和创意，共同决策以帮助每个成员能够更好地工作，同时强化个人工作标准的特点。但工作团体主要是把工作目标分解到个人，其本质上是注重个人目标和责任。工作团体的目标只是个人目标的总和，其成员不会为超出自己义务范围的结果负责，也不会尝试那种因为多名成员共同工作而带来的增值效应。有了共同承诺，每个人都作出自己的努力和奉献，才能使团队的效能最大化。

（二）团队精神要求工作的目标明确

每个团队的成员都必然信奉同一个目标，否则共同奉献将是空中楼阁，无法实现。共同的目标，才能使团队中的每一个成员各司其职、获得明确的工作方向。工作的目标，也是考核团队价值的核心标准。如果一个团队不能确定一个明确、具体的工作目标，或者具体工作目标和整体目标毫无关系，那么整个团队成员会因此变得困惑、涣散、表现平庸。

（三）团队精神表现为很强的凝聚力

团队有着明确的分工和紧密的协作，每个团队的成员都必然将团队的工作目标放在首位，应将现阶段的个人方向与目标配合团队发展，把团队的荣誉作为个人的荣誉。因此，团队将比传统的线性层级结构更能将员工团结在企业周围。

二、团队协作与企业发展

在现代企业尤其是技术企业中，往往是流水线生产作业。一条流水线上，每个员工需各司其责。一件产品正是经由每个员工的每一道工序最后成为成品。如果某一员工所负责的步骤出现了问题，那么整个流水线就会因为这个“坏点”而瘫痪。而这个流水线，就是企业中最基本的团队。如果你成为“坏点”，就表示你不能融入这个基本的团队，你就缺乏团队协作能力，必然会被迫离开。所以在企业中，团队协作能力包含了胜任工作的能力和与他人配合的能力。

在高效率和高产出的企业中，团队将成为主要的工作单位。但是并不意味着团队将取代个人努力或是正规的企业层级结构和体系。相反，团队将优化现有的企业结构。在层级结构限制了个人发挥最佳功效的时候，团队将为企业提供良好的解决办法。因此，团队的构成将以企业原有的组织结构为核心，依照原有的组织结构推进工作。

每个团队都需要对其成员进行明确的分工，在完成具体工作目标的过程中，需要多种专业人才的相互配合和协作。比如，建立医生诊断的计算机辅助系统，需要计算机的专业人才，并需要在医生的协助下才能完成。

在许多企业的招聘说明中，都会强调应聘人需要具备团队协作的精神。团队的建设已经成为一个企业在建立、发展过程中必然选择的一种组织模式。

实践与训练

团队协作能力测试

训练目的：

测试学生团队协作能力，组织学生考察自己在团队活动中所起到的作用。

训练组织：

将学生分组进行为期一周的专业实训，根据实训过程中的表现作好自我测评。

以下测验能帮助你检查自己是否具有团队技巧。以下每一项都陈述了一种团队行为，根据自己表现这种行为的频率打分：总是这样（5 分），经常这样（4 分），有时这样（3 分），很少这样（2 分），从不这样（1 分）。以下 1～6 题为一组，7～12 题为一组，将两组的得分相加进行对照。

作为一名小组成员——

1．我从其他小组成员那里征求事实、信息、观点、意见和感受以帮助小组讨论。（寻求信息和观点者）

2．我提供事实和表达自己的观点、意见、感受和信息以帮助小组讨论。（提供信息和观

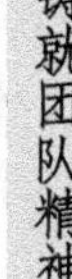

点者）

3．我提出小组后面的工作计划，并提醒大家注意需完成的任务，以此把握小组的方向。我向不同的小组成员分配不同的责任。（方向和角色定义者）

4. 我集中小组成员所提出的相关观点或建议，并总结、复述小组所讨论的主要论点。（总结者）

5．我带给小组活力，鼓励小组成员努力工作以完成我们的目标。（鼓舞者）

6．我要求他人对小组的讨论内容进行总结，以确保他们理解小组决策，并了解小组正在讨论的材料。（理解情况检查者）

7．我热情鼓励所有小组成员参与，愿意听取他们的观点，让他们知道我珍视他们对群体的贡献。（参与鼓励者）

8. 我利用良好的沟通技巧帮助小组成员交流，以保证每个小组成员明白他人的发言。（促进交流者）

9．我会讲笑话，并会建议以有趣的方式工作，借以减轻小组中的紧张感，并增加大家一同工作的乐趣。（释放压力者）

10．我向其他成员表达支持、接受和喜爱，当其他成员在小组中表现出建设性行为时，我给予适当的赞扬。（支持者与表扬者）

11．我促成有分歧的小组成员进行公开讨论，以协调思想、增进小组凝聚力。当成员们似乎不能直接解决冲突时，我会进行调停。（人际问题解决者）

12．我观察小组的工作方式，利用我的观察去帮助大家讨论小组如何更好地工作。（进程观察者）

训练考核：

以上1～6题为一组，7～12题为一组，将两组的得分分别相加，对照下列解释可大致判断个人在团队中所扮演的角色：

（0～6，0～6）只为完成工作付出了最小的努力，与其他小组成员十分疏远，在小组中不活跃，对其他人几乎没有任何影响。

（0～6，18～30）你十分强调与小组保持良好关系，为其他成员着想，帮助创造舒适、友好的工作气氛，但很少关注如何完成任务。

（18～30，0～6）你着重于完成工作，却忽略了维护关系。

（18～30，18～30）你努力协调团队的任务与维护要求，终于达到了平衡。你应继续努力，创造性地结合任务与维护行为，以促成最优生产力。

第二节　团队凝聚力量

阅读材料

发生在实习车间的故事

在实习车间里，指导老师正在教导学生进行机械组装，要求学生们将零件组装起来成为可以操作的机械。学生们分成数个小组在进行工作。过了一会，速度最快的小组向老师报告了一个问题："老师，零件里多出了一个轴承。""不会，没有多的零件，必须把所有零件都组装起来！"老师回答。

不久，其他小组也发现零件里多出了那个"没用的"轴承。但是鉴于前面老师的回答，没有再向老师提出问题。

终于，所有的小组都完成了任务，将所有的零件都组装起来。老师微笑着开始测试学生的成果。然而，尴尬的事情发生了，所有的成品都无法运转。老师让学生检查出了什么问题。结果是一致的："多了那个没用的轴承。"

老师没有说什么，继续指导学生进行另一组机械零件组装。

学生们又发现了问题："老师，零件里少了一个最关键的轴承，就是刚才那个。"

老师看着茫然的学生，微笑地问道："你们明白了什么？"

思考：我们明白了什么？

其实，那个轴承就是我们自己。当我们融入团队的时候，将发挥自己最大的功效。但是，我们要理解，是团队给与了我们这样的机会，是团队成就了我们。如果离开团队，我们不过是放在角落里的一块废铁——生锈的轴承。如果我们不能融入团队，成为那枚"多余的"轴承，我们必然会被团队抛弃，无法实现自我的人生价值。

名人名言

一燕不成夏，一木不成林。

——泰维纳

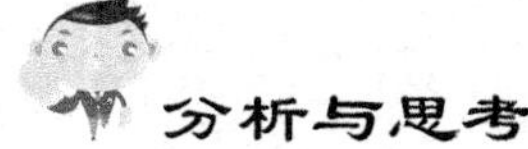

分析与思考

一、团队让我们团结奋斗

俗话说：单丝不成线，独木不成林；一块块砖只有堆砌在一起才能盖起高楼大厦；一滴滴水只有融入大海才能获得永存。同样，一个人，也只有融入到集体的事业中才能实现人生的价值。

2005年春节联欢晚会中的经典节目《千手观音》，是21名来自无声世界的聋人在集体荣誉的感召下，团结一致、乐观自信，用整齐划一的舞蹈表达着心灵的语言，静穆纯净的眼神，娴静端庄的气质，婀娜柔媚的动作，金碧辉煌的色彩，脱俗超凡的乐曲……美得令人神往、令人陶醉。梦与手、爱与心、光与影绽放出博爱四射的神圣之美。那一刻，人们震撼了，人们沸腾了，全场爆发出热烈的掌声。

这个事例充分说明，团队的成功是建立在团结互助的基础之上的。一个优秀的团队不仅需要能力强、素质高的优秀个体，更需要心往一处想、劲往一处使的互助集体。

一滴水，很容易被蒸发，然而当它们汇聚成一条大河、一片汪洋时，就能爆发出“气蒸汉江泽，波撼郧阳城”的冲天威力。个人的追求离不开团队，个人的发展离不开团队，树立与团队风雨同舟的信念，才能和团队一起得到真正的发展。

二、团队合作是个人的成功之道

团队合作是成功之道。团队存在的目的就是凝聚力量。没有最强的个人，只有最强的团队。现今社会的竞争主要分为两种，一种是团队与团队之间的竞争，另一种是个人与个人之间竞争。

我们作为准职业人，最现实的目标是获得一份理想的工作。那么，我们来看下面的一个统计。

武汉市某职业学校是武汉市著名的工科职业技术学校，其培养的学生主要面向现代化科技企业。在对2007届顶岗实习学生的调查中，有这样一个问题：“你最想去怎样的企业？”答案几乎都是诸如“富士康”、“国际企业中心”等世界500强的优秀企业，他们的答案其实只有一个：我需要加入一个优秀的团队，优秀的团队具有更加强大的竞争实力，和这个优秀的团队一起发展我将获得可靠的力量。

团队具有一个重要的特征，即互补性。成员间的优势互补正是团队凝聚力量的奥秘所在。孟尝君是我国历史上著名的“战国四公子之一”，他经常能解决很棘手的问题。孟尝君有一个四人“协作小组”，小组成员分别是：*A* 善于思考，做事犹豫；*B* 善于作出正确的判断，但不善于行动；*C* 善于收集情报和意见。*D* 善于行动，不善于思考。大家看到这里一定发现了孟尝君的智慧来源与善于解决问题的秘密：当孟尝君遇到问题的时候，他首先将问题交给 *C* 去收集和打听关于这个问题的情报；再把收集到的情报和问题交给 *A* 去思考怎么办；再由 *B* 从 *A* 所想到的解决办法中选取最恰当的一个；最后交给 *D* 去完成；最后由孟尝君来体现和承担问题的结果。这正是团队凝聚力量的方式。我们把这种团队凝聚力量的方式转化到和我们对应的企业模式中就成为：懂得技术的普通人才负责一线生产；高级技术人才负责产品的研发；具有观察力的人才负责收集关于市场欢迎何种产品的情报提供给企业；销售人才将产品转化为实际的利润；企业领导对各个部门的结果作出判断和承担最终责任。可见，团队自身优劣与市场适应能力，就是团队的力量体现。

三、创立优秀的团队

（一）团队创建

一个企业开始面临的是团队的组建问题，而这支团队组建后的发展方向很大程度上取决于团队的成员。优秀的团队成员必须具备热爱本职工作、责任心强等多种素质。

1. 热爱本职工作

本职工作的强度及专业性，决定了我们必须不断去挑战自己，不断地充实自己。一名员工对行业的热情，决定了他的忠诚度及可塑性。如果员工不热爱这个行业，那他就很难融入这个行业的团队。

2. 责任心强

工作的最终目的是为了取得客户对我们的认可，那就需要我们对企业、对客户有较强的责任心。如果一名企业员工不具备这样的品质，他就不适合进入这样一个团队。

（二）团队的打造

1. 一个核心

常常听到这样一句话：团队的领导太多，不知道听谁的。这是团队作业的大忌。一个团队只可以有一个核心，一个领导，一个决策人。否则将会带来重复的劳动和低质量的成果，造成人力、物力的浪费。

2. 同甘共苦

作为团队的榜样，领导的一言一行对于团队的发展都至关重要。因为，好的榜样可以更好地增强这个团队的凝聚力，更好地让这个团队的效能发挥到极至。

只有把团队中的所有成员有效地组织起来，使大家团结在一起，才能发挥出团队的无穷力量。只有激发出整个团队的潜能，才有可能表现出和谐的战斗力，最终获得成功。倘若能将部门内的小团队及部门与部分之间的大团队有机结合、团结一致、互相帮助，必能形成一股强大的力量，使企业展现出更为饱满的发展动力和更加美好的发展前景。

实践与训练

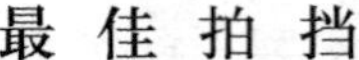

最 佳 拍 挡

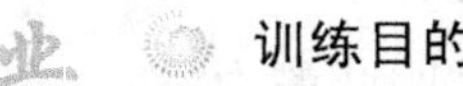

训练目的：

1）了解团队协作的重要性；

2）增强团队成员的归属感；

3）激发团队成员的奋斗精神。

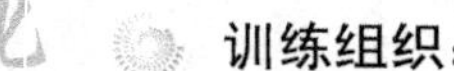

训练组织：

按以下游戏规则组织活动。

1）将学生分成几个小组，每组在 5 人以上为佳；

2）每组先派出两名学生，背靠背坐在地上；

3）两人双臂相互交叉，合力使双方一同站起；

4）依此类推，每组每次增加一人，如果尝试失败需再来一次，直到成功才可再加一人；

5）教师在旁边观看，选出最终成功站起人数最多且用时最少的一组为优胜组。

相关讨论：

1）你能仅靠一个人的力量完成起立的动作吗？

2）如果参加游戏的成员能够保持动作协调一致，这个任务是不是更容易完成？为什么？

3）是否想过找到一些办法来保证队员之间动作协调一致？

训练考核：

1）这个游戏很简单，但是依靠一个人或几个人分散的力量是不可能完成的。因为在这个游戏中，大家组成了一个整体，需要全力配合才可能达到目标。它可以帮助学生体会团队相互激励的含义，帮助他们培养团队精神。

2）另外，这个游戏还考验每个小组的领导者，看他是如何指挥和调动组员的。因为这个游戏需要大家通力合作，如果步调不一致，大家的力气再大也不可能顺利完成。这种情况下，作为小组的领导者，应该想一些办法来解决这个问题。比如，可以让大家统一跟随他的动作；更有效的是想出一个口号，既可以鼓舞士气，又能统一大家的节奏。

3）无论组员还是领导者都应该明白，任何一个人的不配合都会对小组的行动产生负面效果。因此，教师应注意，在游戏结束后要帮助完成效果不佳的小组找出原因，帮助他们树立团队意识，引导他们总结自己的失误。这对组员的素质提高有很大帮助。

第三节　融入团队　实现自我

阅读材料

昨天的学生，今天的老师

小叶是一名优秀的中职毕业生。在学校里，她因为出色的表现曾经获得过多次荣誉。在以优异的成绩走向企业的时候，小叶显得特别骄傲和自豪。小叶工作的第一个企业是国际著名企业。在一线流水生产线上，小叶展示了她出色的能力。她觉得，自己比起其他员工要出色得多。于是，骄傲与自满的小叶将其他同事都看得很低，渐渐地，她发现了一些问题：她工作越来越累，大家都不配合她的工作。小叶的性格令她在企业里逐渐孤立，不久，小叶已经无法在企业适应下去了。因为，没有大家的配合，她就连自己的本职工作都无法胜任。

小叶失业了，这对于自尊心极强的小叶无疑是个沉重的打击。在经历了一段难堪的待业时光之后，小叶回到学校，向母校求助。鉴于小叶在学校优异的表现，学校将小叶留了下来，成为一名班级辅导员。

一向骄傲的小叶在经历过前面的教训之后，开始变得谦虚随和，在做好自己本职工作的同时，她开始主动与同事沟通，和大家集体来面对和解决工作上的问题。渐渐地，即使小叶在工作中碰到了难以解决的问题，也有同事挺身而出来帮助他。小叶的工作表现越来越优秀。在工作之余，小叶也开始深造自己，报读了大学自修，并且在不久之后考取了教师资格。小叶第一次上课的地点竟然是自己曾经在那里学习过的教室！只是，昨天，她是这里的一名学生，今天，她是一名站在讲台上的教师。

思考：我们如何通过团队实现自我？

只有融入团队，才能实现自我。我们需要做的是思考如何以最佳状态融入团队、在团队中确立自我。

名人名言

若不团结，任何力量都是弱小的。

——拉封丹

分析与思考

一、培养团队精神

首先，我们要理解一个原则与底线：团队利益的实现就是这个团队中每个成员利益的实现。那么，团队就是个人实现自我人生目标的必然。每个人都怀有自己的人生理想，而融入团队就成为实现自我理想的前提。要知道，我们加入了某个团队并不等于我们融入了这个团队。有很多中职学生遇到了这样的情况：他们进入了一家优秀的企业，然而，过不了多久便纷纷离开。他们离开的原因有“老板太小气”、“别人不理我”、“我不知道该做什么，没人教我做什么具体的事情”、“我被炒鱿鱼”、“这个企业的工作好辛苦”、“大家不认可我的才能”等。然后就是苦苦地待业和找工作，甚至游手好闲多年。是这些优秀的企业存在着问题吗？当然不是。其实，他们离开的原因只有一个：没有融入他们所在的团队。融入团队，就是我们面向社会、顶岗就业的前提与必修课。

有一个能力很强的员工在面对客户的谈判时表现突出，为公司创造了良好的效益，受到了经理的高度赞扬。这次谈判使他更加认识了自己的价值，经理的赞赏使他觉得自己非同一般。在日常工作中，他开始不和其他同事交往、沟通，一副自高自大、目中无人的样子，在公司里独来独往。

这位员工的态度使得同事们渐渐疏离了他，都不愿意与他合作。于是，他成了被孤立的人，在许多事情上陷入了极其尴尬的境地。在一次业务办理中，由于他判断失误给公司造成了不小的损失。同事的讥笑、经理的恼怒，使他无法再继续待下去，只得很不体面地自行辞职离开了公司。

聪明的人融入团队，孤傲的人被团队抛弃。荣誉是优秀的象征，当你取得成绩、拥有荣誉时，更应该戒骄戒躁。保持清醒的头脑才能与同事相互支持、帮助，以巩固已得到的一切，因为人不可能孤立地存在于任何地方。

在团队中，还应注意培养与同事之间的感情，多与同事分享对工作的看法，多听取和接受他人的意见，每一位同事都保持友好的关系。在团队中，如果自己被孤立起来，那将是件很危险的事。

有许多人自命清高，认为别人对自己没有一点帮助。其实，每个人都有需要他人和被他人需要的时候。一个团队的成员不应该只注意个人取得辉煌业绩，而是要看到在其背后的团队支持和团队中其他成员的辛勤付出。融入是一种双方的相互认可、相互接纳，并形成行为方式上的互补性和协调一致。自制力强、感悟力好的人，融入得自然和谐、顺乎情理，被群体接受的程度高，因此会获得更多的发展条件和机遇。

自以为是的人往往不易融入团队。一个人如果感到很难融入团队，可能他自身存在一些问题。这时不妨从自己身上找出原因，并马上改正过来。在一些企业中，总是存在抱怨自己怀才不遇、感慨工作环境不好，最终无法融入团队而频繁跳槽的人，但没有几个能取得事业的成功。他们失败的原因就是没有找到自己与工作不合拍的根本原因，也就没有从根源上想办法去解决它。

在一个团队中，每个成员的优缺点都不尽相同，我们应该去积极寻找团队成员中积极的品质，并且学习它，让自己的缺点和消极品质在团队合作中被消灭。我们应该时常检查一下自己的缺点。比如，自己是不是对人还是那么冷漠？自己是不是依然那么言辞锋利？这些缺点在单兵作战时可能被人忍受，但在团队合作中会成为自身进一步成长的障碍。如果意识到了自己的缺点，就要注意改正。

二、培养合作技能

融入团队，我们必须培养以下几个技能。

（一）服从

服从团队需要是融入团队的基础。而对于服从的理解，不是“听话”这么简单。服从是带有主动性遵从团队的需求。

（二）与团队共目标

团队目标如果与个人的目标一致，有吸引力、号召力，这时团队成员就愿意合作完成任务，凝聚力会增强；反之，如果个人目标与团队目标不关联，这时团队合作就会减少，感情

趋于冷淡，凝聚力也将降低。

（三）凝聚力

凝聚力是对团队和成员之间的关系而言的，表现为团队强烈的归属感和一体性，每个团队成员都能强烈感受到自己是团队当中的一分子，把个人工作和团队目标联系在一起，对团队表现出一种忠诚，对团队的业绩表现出一种荣誉感，对团队的成功表现出一种骄傲，对团队的困境表现出一种忧虑。

（四）懂得分享与沟通

要想获得别人的认可，首先应认可别人。而分享与沟通是体现自我和使团队成员了解自己认可自己的重要方式。

融入团队，并不是牺牲自我，相反，它是实现自我的唯一方式。成为团队中的一分子有很多益处。

1．有助于解决问题

我们常听到两个广泛而有意义的名词，是指个人与团队融为一体的最高境界。其一是综效，是指用团体的群策群力解决问题的能力及效果；其二是相乘效果，最适用于“1+1＞2”或“三个臭皮匠，胜过诸葛亮”的说法。个人的能力终究有限，因此切勿自以为是、惟我独尊。

2．安全感

职业生涯初期属于探索阶段，在探索中学习经验、知识与技能。当感到资源不足时，团队能提供学习机会、犯错的包容以及发展空间。直到职业生涯中期以后，你认为有足够经验、能力与资源时，才可能自立门户或自行创业，即使如此，在团体中的安全感仍大于“单打独斗”。

3．满足心理需求

在团队中可以得到归属感、亲和性、自尊心以及自我实现等心理需求。归属感及亲和性，是由于工作场所已形成一个小型的社交、联谊网络，当你受到挫折时，会有人安慰你，甚至为你打抱不平；当你得到奖赏时，很多人恭喜你、祝福你。这些心理上的需求得以满足，在团队中得到的喝采会更多且具有激励性。

4．完成个人无法实现的任务

一滴水要想不干涸，最好的办法就是把它放入大海；再小的个体只要团结起来，也是一股强大的力量。团队合作的意义不仅在于“人多好办事”，更重要的是它能完成个人无法实现的任务、获得个人无法取得的成就。

实践与训练

团队游戏：泰坦尼克号

训练目的：

一个人在紧急情况下才能更好地发挥其潜在的创造力和主观能动性。下面的游戏将帮助学生练习在遇到困难时，如何作计划、如何合作以及如何有效地利用有限资源。

训练组织：

1）故事导入：泰坦尼克号即将沉没，船上的乘客（学员）须在“泰坦尼克号”的音乐结束之前利用仅有的求生工具——七块浮砖，逃离到一个小岛上。

2）布置游戏场景：将 25 米长的绳子在空地一侧摆成一个岛屿形状，在另一侧，摆 4 条长凳作好起点，在长凳（船舷栏杆）和长绳（岛屿）之间摆放 7 块砖头（浮砖）。

3）给学生 5 分钟时间讨论和试验。

4）出发时，每一个人必须从长凳的背上跨过（就如同从船上的船舷栏杆上跨过），踏上浮砖。在逃离过程中，船员身体的任何部分都不能与“海面”——地面接触。

5）自离开“泰坦尼克号”起，在整个的逃离过程中，每块浮砖都要被踩住，否则教师会将闲置的浮砖移除。

6）全部人到达小岛之后，并且所有浮砖被拿到小岛上，游戏才算完成。

训练考核：

1）如何应付突如其来的紧急情况，会反映出学生头脑的清醒程度和应变能力。

2）观察学生的表现，测试学生的组织能力。

参 考 文 献

[1] 詹万生，李书华．职业道德与职业指导[M]．北京：教育科学出版社，2001．

[2] 王继涛．成就一生的十大能力[M]．北京：当代世界出版社，2008．

[3] 经理人培训项目编写组．拓展培训游戏全案[M]．北京：中国国际广播出版社，2005．

[4] 吴维库．阳光心态[M]．北京：机械工业出版社，2006．

[5] 戴尔·卡耐基．你为什么会失败[M]．纪康保，译．北京：地震出版社，2004．

[6] 阚雅玲．大学生成功素质训练[M]．北京：机械工业出版社，2006．

[7] 李文源．论职业道德的缺失[M]．沈阳：辽宁商业出版社，2004．

[8] 任志宏，张晓霞，黄华，等．企业文化[M]．广州：广东经济出版社，2006．

[9] 杨宗华．责任胜于能力[M]．北京：石油工业出版社，2007．

[10] 陆士桢，徐莉．青年职业生涯管理辅导[M]．北京：中国青年出版社，2007．

[11] 姜晓敏．人际沟通与礼仪[M]．上海：华东师范大学出版社，2007．

[12] 杨明娜．职业道德与职业指导[M]．西安：西安电子科技大学出版社，2006．